LOS
DIEZ
MANDAMIENTOS

Para solicitar más ejemplares de
Los diez mandamientos,
por
Loron Wade,
en EE. UU. llame al
1-800-765-6955.

LOS

DIEZ

MANDAMIENTOS

LORON WADE

Stanborough Press Limited
Alma Park, Grantham, England

Publicado en inglés bajo el título:
The Ten Commandments: What if We Did It God's Way?
Copyright © 2006 Review and Herald® Publishing Association

Edición en Español
Copyright © 2006 Stanborough Press Limited
Primera Impresión 2006

Dirección editorial: Javier Hidalgo y Alberto Moncada
Arte: Harry Anderson
Creación de la portada: Trent Truman

El autor asume la responsabilidad por la veracidad de la información
y citas que aparecen en este libro.

Citas bíblicas de La Biblia de las Américas®, Copyright © 1986,
1995, 1997 por The Lockman Foundation Citadas con permiso

IMPRESO EN LOS ESTADOS UNIDOS
Printed in U.S.A.

Distribuido en Estados Unidos y Canada por:
Review and Herald® Publishing Association
55 West Oak Ridge Drive
Hagerstown, MD 21740
Tel: (301) 393-3000
e-mail: info@rhpa.org—www.reviewandherald.org

ISBN 978-1-904685-30-2

CONTENIDO

Una invitación
y una promesa

¿Cómo dibujaría usted la cara del mundo? Si tratara de expresar la condición del planeta a través de una caricatura, ¿qué rostro le pondría? ¿Uno de angustia? ¿de enojo? ¿o le pintaría una gran sonrisa?

Estábamos reunidos en el hogar de unos amigos en Costa Rica cuando les hice esta pregunta.

—Pues, yo . . . —empezó a decir Juan Francisco— creo que . . .

Pero sus palabras fueron interrumpidas y nunca terminó de darnos su punto de vista, porque en ese instante empezamos a escuchar algo que detuvo abruptamente la conversación.

La casita de nuestros amigos se encontraba en medio de una larga hilera de viviendas similares, todas hechas de madera. Cada casa compartía sus paredes con la casa contigua, de modo que se escuchaba prácticamente lo que acontecía en el hogar de los vecinos.

Y en ese preciso instante, mientras considerábamos la pregunta acerca de la condición del mundo, llegó el vecino a su casa. Entró vociferando y llamando a su mujer. Evidentemente estaba ebrio, y su voz se alzaba más y más mientras le exigía algo —ya no recuerdo qué era—, pero fue algo que ella no tenía para darle. Y como no se lo dio al instante, empezó a golpearla.

Alarmados, escuchamos mientras aquel hombre

gritaba:—Te voy a enseñar que a mí me tienes que respetar. ¡Vas a saber quién soy yo!

Por encima del ruido de golpes y gritos, se escuchaba la voz de un niño que suplicaba llorando:—¡No, papi! ¡Noooo! No le pegues a mi mamá. Por favor, por favor, papi. ¡Ya no le pegues!

No dudo que usted está leyendo estas palabras en un ambiente tranquilo, alejado por completo de semejantes escenas. ¿Alguien está gritándole o amenazando con darle de golpes? ¿Verdad que no? Entonces, ¿cómo dibujaría la cara del mundo? Con una sonrisa, ¿no es cierto?

Inclusive, puede estar pensando que la escena de maltrato que presenciamos esa noche fue algo excepcional, que cosas así pueden ocurrir, pero sólo en lugares extraños y muy lejos de aquí. Dije que esto sucedió en Costa Rica, así que está bien, sobre todo si usted vive en otro país, porque cosas así siempre suceden muy lejos de aquí, ¿no es cierto? ¿Tiene alguna idea de cuántas mujeres están siendo golpeadas por sus maridos en este mismo instante? En los Estados Unidos sucede un caso cada 15 segundos. ¿Y en el resto del mundo?[*]

Por supuesto, el abuso familiar no es la única característica que podríamos tomar en cuenta para evaluar la situación del mundo. ¿Qué opina en cuanto al hambre? ¿Cuántas personas se encuentran hurgando en algún basurero público hoy, esperando hallar unas migajas para aplacar los clamores de su estómago? ¿Sabe cuál es la causa número uno de muerte entre niños menores de seis años en el mundo entero? Es el hambre, la desnutrición. Dice la OMS [Organización Mundial de la Salud] que cada año mueren cinco millones de personas por esta causa. Esto equivale a 13,700 cada día. En sólo 17 días las pérdidas alcanzan un número mayor que el de todos los que murieron en el terrible tsunami de 2004.

Otro ejemplo: ¿cuántas personas huyen en este

momento sin rumbo y sin esperanza porque la guerra y la violencia han destruido sus tierras? La Oficina de Refugiados de la ONU dice que tiene 20 millones bajo su cuidado.

Y hablando de niños, ¿cuántos duermen cada noche en las calles de nuestras grandes ciudades sin más colchón que el frío concreto? Nadie sabe con seguridad, pero UNICEF calcula que son por lo menos 60 millones y que muchos de ellos llegarán a ser víctimas de abuso, adicciones y enfermedades venéreas, y caerán en la delincuencia.

El cínico Napoleón dijo que en la guerra Dios siempre está de parte de los que tienen los cañones más gruesos. Hoy probablemente cambiaría de opinión, porque los terroristas no se valen de cañones sino del sigilo y la traición. Y ahora se han aliado a los narcotraficantes que circulan impunes de frontera en frontera, y sólo de vez en cuando se ven retados por las fuerzas del orden.

Durante algún tiempo parecía que la penicilina lograría vencer las enfermedades de transmisión sexual; entonces apareció el SIDA. Actualmente, más de 45 millones de personas padecen esta enfermedad, que en el continente africano está arrasando poblaciones enteras.

Vuelvo a preguntar: ¿cómo dibujaría la cara del mundo?

La estrategia más común que usamos para aislarnos de tanto sufrimiento es la masificación. Para no sentir el dolor no vemos a individuos sino a masas. Convertimos las tragedias en estadísticas.

El otro día, explotó una bomba en el Medio Oriente. Pero yo no conozco a Mustafá y no estaba con él esa noche. No tuve que acompañarlo mientras, casi ahogado por el polvo, buscó entre los escombros hasta encontrar el cuerpo destrozado de su hermana, la tímida y delicada Haná. No corrieron mis lágrimas mientras Mustafá golpeaba el suelo con sus puños y gemía de dolor al lado del cadáver.

Hablar de tragedias es muy fácil. Sabemos, por supuesto, que suceden, pero no fue mi hermana la que murió. ¿Que cada 15 segundos una mujer es golpeada por su marido? Sí, pero a mí no me toca aguantar aquellos golpes, así que simplemente los convierto en una cifra.

Pero se acerca la hora, o quizá ya llegó, cuando este distanciamiento ya no va a ser posible. Porque la tormenta que azota nuestro planeta está invadiendo más y más el círculo privado de cada quien. Una generación atrás se hablaba de drogadictos, pero ¿quién conocía a uno? Hoy nadie duda que mañana puede ser mi hijo el que caiga en eso, o mi hija la que resulte embarazada. La caída de las Torres Gemelas ha producido un terrible despertar en el mundo entero. ¿Quién no reconoce que hoy todos somos vulnerables?

Siempre ha habido gente sensacionalista que anda diciendo que las cosas están mal. Hoy son los pensadores más sobrios y serios de la época los que están preocupados. Hace cincuenta años algunos filósofos empezaron a hablar de "angustia existencial", pero entonces era asunto privativo de unos cuantos intelectuales. Hoy ya no.

Esfuerzos por encontrar la solución

El siglo XIX fue una época de gran optimismo. El racionalismo, que entonces estaba en su apogeo, presentaba la posibilidad de crear un mundo mejor a través de esfuerzos de la inteligencia humana. A cada momento salían noticias de avances que parecían confirmar ampliamente esta opinión. Máquinas ingeniosas tejían, cosían, cosechaban y realizaban miles de otras tareas. La gente recorría mar y tierra impulsada por poderosas máquinas a vapor. La muerte de Abraham Lincoln se supo en California el mismo día del atentado, gracias a las recién instaladas líneas del telégrafo.

Con todas esas maravillas producidas por la inteligencia humana, nadie dudaba que muy pronto se acabarían los problemas de la sociedad. Desaparecerían la pobreza, la injusticia y la enfermedad. Las guerras terminarían en una paz universal y muy pronto veríamos el fin de la ignorancia y la tiranía.

Pero ya nadie piensa de esa manera. El optimismo de aquella época terminó con la Primera Guerra Mundial, y hoy parece cada vez más ilusorio. No es que se haya detenido el avance de la ciencia, sino todo lo contrario. Sin embargo, la mano que desarrolló el microondas nos ha dado también la bomba atómica y con ella la capacidad de destruir la tierra con sólo presionar un botón.

Y muy perplejos, los pensadores de nuestros días se preguntan: *Con tanta luz, con tanta capacidad de manejar las cosas, ¿cómo es posible que el hambre, la opresión y la tiranía todavía cabalguen sin freno por el paisaje? ¿Dónde hemos fallado?*

Es que hemos querido encargar a la ciencia una tarea que simplemente no es capaz de realizar. ¿Por qué siguen sin resolverse los problemas más agudos de la época? Porque no son científicos ni tecnológicos.

Preguntemos a la ciencia cómo proyectar un rayo de energía electromagnética a través del espacio para enviar a la Tierra una foto desde la superficie de Marte, y nos dará rápidamente la respuesta. Preguntémosle cómo está organizado el genoma humano, o pidámosle que nos explique qué son las endorfinas y cómo influyen en nuestras neuronas, y no vacilará en responder. Pero si le preguntamos cómo resolver los problemas más urgentes de la época, tendrá que responder: *No lo sé. Ésa no es mi área.*

Y es así porque los problemas más graves de nuestro tiempo no son de orden científico sino moral. Pregúntese: ¿Cuál de los grandes problemas que hoy azotan el planeta no es de índole moral? Todos lo son.

Tomemos como ejemplo el problema del hambre. No se debe a que hay escasez de alimentos en el mundo, sino a la terrible desigualdad en su distribución. Y esto, a su vez, es causada por una desigualdad aún más marcada en la distribución de capital, de conocimientos y de los medios de producción y transporte. La opresión económica de los que no tienen nada por parte de los que les sobra, ¿qué es? En definitiva, es un problema moral.

¿Y los demás? Claramente el terror, la opresión política y la tiranía son situaciones morales. La violencia doméstica, el aborto y las adicciones también lo son, como también el estilo de vida que ha dado lugar al SIDA y al desmoronamiento de la familia. De haber sido problemas científicos o tecnológicos hace mucho tiempo se hubieran solucionado. Porque en eso, sí somos expertos.

A algunas personas tal vez les parecerá humillante aceptar lo que estoy diciendo, porque el racionalismo está fundamentado en el principio de la autosuficiencia. Su lema es: ¡Yo sí puedo! Mi inteligencia, mi fuerza de carácter, mi espíritu emprendedor, mi "lo que sea", pero es lo mío lo que va a salvar al mundo.

¿Cuánto tiempo más vamos a insistir en buscar soluciones donde no las hay? ¿Cuánto tiempo más seguiremos tocando, y hasta clamando desesperadamente, ante las puertas de la ciencia cuando ella está tan frustrada como nosotros por su inhabilidad para ofrecer respuestas reales o efectivas? ¿Cuántas evidencias más tendrán que golpearnos en la cara hasta que aceptemos esta realidad?

Entonces, ¿cuál es la solución?

Ante el evidente fracaso de la ciencia en ofrecernos soluciones, ¿qué vamos a hacer? ¿Acaso debemos resignarnos simplemente al *status quo*? ¿O será que hay una solución por mucho tiempo ignorada o pasada por alto?

Si alguna vez usted tiene oportunidad de visitar Washington, D.C., cuando no está en sesión el Supremo Tribunal de Justicia, procure entrar en el impresionante edificio con sus grandes columnas de mármol blanco y ver la tribuna donde se sientan los nueve jueces para deliberar. Al hacerlo, no deje de elevar su vista y observar las figuras esculpidas en la pared detrás de la tribuna. Allí verá un personaje augusto que tiene en su mano derecha dos tablas de piedra. Es Moisés, y las tablas son aquel antiguo código moral conocido como los Diez Mandamientos.

Es que las generaciones pasadas, las que diseñaron el edificio, no padecían de la misma arrogancia que la nuestra. Estaban dispuestas a reconocer el inmenso valor de la Ley Moral, y no les importaba que no la inventaran ellos ni que no fuera producto de su época. Quizá no haya otra evidencia mejor del espíritu de nuestro tiempo que el hecho de que haya grupos de activistas que exigen a los jueces que borren esa figura de la pared. Mientras tanto, seguimos esperando contra toda esperanza a que por fin, algún día, la ciencia pronuncie las palabras mágicas que resolverán el dilema. Precisamente por esta insensatez es que las cosas han llegado a su estado actual de crisis.

Una invitación y una promesa

Antes de continuar, quiero extenderle una invitación, y también una promesa:

Le invito a repasar conmigo los grandes principios expresados en la Ley Moral, o sea, en los Diez Mandamientos. Al hacerlo, usted notará cómo la solución propuesta hace tantos siglos en la Sagrada Biblia satisface las más urgentes necesidades de nuestro tiempo.

La promesa es que éste no será un monólogo sino una conversación. Le animo a participar activamente, a pensar por usted mismo y llegar a sus propias conclusiones. Posiblemente querrá usar un cuaderno para anotar algunas de sus reflexiones a medida que avancemos. Esto puede ser provechoso, porque, después de todo, no serán mis ideas o mis conclusiones las que produzcan una diferencia real en su vida.

Dije que le haría una promesa. En realidad, son dos, pero la segunda es parte de la primera, y es ésta: No le pediré en ningún momento que acepte ciegamente lo que digo acerca de este importante tema. Al contrario, tendrá amplia oportunidad de verificar y comprobar la validez de los principios expuestos.

Esto es posible porque los Diez Mandamientos no son simplemente una pieza de exhibición que debe ser colocada en la vitrina de algún museo. Son un caudal de soluciones prácticas. Son principios que tienen una aplicación razonable en la vida diaria de cada uno. Y en su aplicación está su comprobación, porque los resultados positivos no se hacen esperar. Son inmediatos y sumamente satisfactorios.

No dude, pues, en aceptar esta invitación a estudiar el tema de los Diez Mandamientos e incorporar sus principios a su diario vivir.

---

* La proporción de mujeres que han sufrido violencia por parte de su pareja alcanza el 11% en Colombia, el 10% en Nicaragua, 17% en Haití y 23% en México y Perú ("Encuestas de demografía y de la salud. Colombia, Nicaragua, Haití, México y Perú, 1997-2000", Hoja informativa, Organización Panamericana de la Salud, http://www.paho.org/Spanish/AD/GE/Viol-VIH_FS0705.pdf).

AMOR PELIGROSO

El primer mandamiento

No tendrás dioses ajenos delante de mí.
—Éxodo 20:3

Parece que no entiendes, Arlín.[1] Lo que está en juego es tu futuro, tu vida.

—No, papá, tú eres el que no entiende. Hace tantos años que dejaste atrás la juventud que ya no sabes lo que se siente, lo que se vive. Yo amo a Dany y se ve que no eres capaz de entenderlo.

Por un largo rato Mariano Silva se quedó mirando a su hija. Entonces suspiró y sacudió la cabeza, como si quisiera despertar de la pesadilla que estaba viviendo.

—Por favor, hija, tienes que escucharme.

—¡No, no, no! No necesito escuchar a nadie. La decisión ya está tomada. El próximo jueves el juez nos va a casar. Y no hay nada más que decir.

Otro silencio. Finalmente, Mariano habló con voz pausada.

—Está bien. Comprendo que es un hecho. Has tomado tu decisión y nadie te la va a cambiar. Sólo quiero preguntarte una cosa.

Esta vez Arlín, calmada, tal vez porque sentía que su padre estaba cediendo, no lo interrumpió.

—El jueves pasado te pusiste una blusa blanca cuando Daniel quería que usaras otra. ¿Te acuerdas cómo reaccionó?

—Es que la que él quería estaba manchada. Creo que le había caído algo.

—Pero, mi pregunta es, ¿cuál fue la reacción de tu novio?

—Ah, bueno, sí . . . No le gustó mucho .

—¿Que no le gustó mucho? Se enojó demasiado; gritó y te dijo de todo. Y esa misma noche, cuando lo invitamos a cenar aquí en casa, ¿qué sucedió?

—¡Papá!, ¿por qué quieres recordar eso?

—Porque al hombre no le importó avergonzarte delante de toda tu familia cuando dijiste algo que no le pareció. Si así te trata ahora, ¿cómo crees que será cuando . . . ?

—¡Ya, basta, papá! —gritó Arlín, tapándose los oídos—. Tú no sabes ni entiendes. Estoy enamorada de Dany. Lo quiero. El es mi vida. Lo demás, todo eso que tú dices, no importa, porque lo amo mucho. Es más, lo adoro. Eso es todo.

—¿Lo adoras, hija? ¿Lo adoras? Entonces. . . ¿qué es Dany para ti? ¿Es un dios?

—Sí, papá, es como tú dices. Dany es mi dios.

Suspendemos aquí este relato para hacer una pregunta. ¿Por qué cree que el padre de Arlín sintió esas palabras como una estocada en el corazón? ¿Por qué sintió tanto dolor al escucharlas?

Tal vez le sorprenda la respuesta que voy a dar. Mariano temblaba ante las palabras de su hija, porque conocía el poder del amor cuando se convierte en instrumento del mal. El amor desbarata nuestras defensas y nos deja expuestos y vulnerables como no lo puede hacer ninguna otra fuerza en la tierra.

Considere el caso de unos padres que se encuentran esperando fuera de una unidad de cuidados intensivos de un hospital moderno, porque está grave uno de sus hijos. ¿Por qué es tan grande su dolor y angustia? Es por el amor. Y esos mismos padres pueden experimentar un dolor igual o peor unos pocos años después cuando este hijo llega a la casa alterado por las drogas.

—¡Qué duro fue para el padre de Arlín, unos

meses después, cuando su hija, con muchas lágrimas, le confesó que ya había empezado a cosechar las terribles consecuencias de su decisión! Desaparecida la neblina de su infatuación, había despertado para descubrir que su esposo era un hombre intensamente celoso, que no estaba satisfecho nunca con sus mejores esfuerzos, que aplastaba constantemente su espíritu con sarcasmos y desprecio y, a menudo, con golpes. Por eso se había estremecido el espíritu de Mariano Silva ante la actitud de su hija. Sentía pavor ante la perspectiva de que ella se colocara en manos de alguien que, tan evidentemente, la iba a perjudicar.

Y por eso Dios nos ha dado el primer mandamiento. Es una advertencia, motivada por una profunda preocupación. Su mensaje es: *No entregues tu lealtad, no rindas tu devoción a otros "dioses" que no lo son, en realidad. No te comprometas en el servicio de quienes, después de todo, te van a defraudar y lastimar.*

Dioses que devoran

El antiguo pueblo de Israel estaba rodeado de naciones que adoraban a "otros dioses". Dagón, con un cuerpo mitad pez y mitad hombre, era la deidad preferida de los filisteos, una nación que colindaba con Israel por el lado oeste. Ellos esperaban de él buenas cosechas y abundantes pescas, que significaban prosperidad. Los fenicios, vecinos de Israel por el norte, preferían a Astoret,[2] diosa de la fertilidad. Su culto era especialmente popular porque se celebraba con borracheras y orgías. Al oriente de Israel los moabitas adoraban a Quemoz y los amonitas a Moloc. Ambas eran deidades implacables que exigían sacrificios humanos, pero la gente las adoraba con todo fervor entregando hasta sus propios hijos para ser quemados en sus altares. Estaban dispuestos a hacer esto porque pensaban así asegurarse del poder de estos dioses para resolver sus problemas.

Hoy en día las cosas han cambiado. La cultura

popular ya no presta atención a figurillas de barro, pero el dinero, el sexo y el poder siguen ocupando el lugar supremo en los afectos de millones. La próxima vez que pase por un puesto de revistas, observe cuáles son los temas más populares. Fíjese también cómo vive la gente, cómo viste, qué escucha, de qué conversa, a qué dedica su tiempo y su energía. Fácilmente podrá comprobar la verdad de lo que digo.

Entonces, pregúntese cuál ha sido el resultado, hasta la fecha, de la adoración de estos "dioses ajenos". Como los de antaño, son deidades que se vuelven contra sus adoradores y los devoran.

Hoy el ferviente culto rendido al dios Sexo ha dado como fruto el SIDA. ¿Por qué será que nadie menciona la solución más sencilla y más obvia? No es que sea tan difícil descubrirla. La decisión más clara y efectiva es que demos la espalda a este dios asesino y una vez más respetemos la integridad de la familia y el carácter sagrado de los votos matrimoniales.

Pero no, lo que hacen los políticos es clamar a su otro dios Dinero, diciendo: —El año entrante dedicaremos todavía más millones para encontrar el remedio. Tenemos que descubrir una vacuna contra este mal, para que puedan continuar ustedes con su estilo de vida sin temor a las consecuencias.

El terrorismo ha llegado a ser la espada de los débiles, el recurso desesperado de los impotentes. Se alimenta del fanatismo y la ignorancia y obtiene sus reclutas de los fétidos campamentos de refugiados donde jóvenes infelices son bombardeados diariamente con la retórica del odio.

¿Y cuál es la solución que proponen los que se encuentran bajo el ataque de estos fanáticos? Claman al dios Poder y a su hija la Fuerza. —Vamos a hacer bombas más poderosas, aviones y cohetes más veloces. Vamos a privar de sus derechos civiles a miles de personas más.

¿Y cuál ha sido el resultado de estos esfuerzos

hasta ahora? Cada vez que los gobiernos recurren a la fuerza bruta, los radicales se convencen más de que son víctimas y se sienten más justificados en su odio y violencia.

El mandamiento del amor

El primer mandamiento está escrito en forma de prohibición, pero lo que prohíbe revela lo que ordena. Nos apartamos de los "otros dioses", los que engañan y destruyen. Pero lo hacemos para amar y servir al único Dios verdadero.

Un día preguntaron a Jesús cuál era el primer mandamiento de la ley. En respuesta, él no citó el texto del mandamiento como aparece en Éxodo 20:3, sino su expresión positiva que se encuentra en Deuteronomio 6:5. El dijo: "El primer mandamiento es: 'Amarás al Señor tu Dios con todo tu corazón, y con toda tu alma, y con toda tu mente. Éste es el grande y el primer mandamiento'" (Mat. 22:37, 38).

En otro momento, Satanás le presentó a Cristo todos "los reinos del mundo y la gloria de ellos", y le dijo: Todo esto te lo daré, "si postrándote me adoras" (Mat. 4:8, 9). Era un ataque directo y descarado al primer mandamiento. Constituía un paquete que lo encerraba todo: dinero, sexo y poder. "Todo esto puede ser tuyo", le dijo.

Aquí sí sería lógico esperar que Jesús le contestara citando el texto de Éxodo 20:3. Pero esta vez se refirió a otra expresión positiva del mandamiento, la de Deuteronomio 10:20: "Al Señor tu Dios adorarás, y sólo a El servirás".

En ambos casos, el Señor no enfocó su atención en los dioses falsos. No mencionó lo que el mandamiento prohíbe sino lo que ordena.

¿Por qué fallan los dioses?

Una generación atrás, cientos de jóvenes con cabello largo y ropa sucia y rota llenaban las calles y los parques de muchas ciudades. Eran conocidos como "jipis". Hoy casi nadie los admira. Pero debemos reconocer que en algo tenían razón. Estaban rechazando los valores falsos del materialismo. Entonces, ¿por qué fracasó su movimiento? Porque trataron de quitar sin reponer. Rechazaban el materialismo, pero la alternativa que ofrecían era una vida vacía y sin sentido, y a la postre se hizo evidente que simplemente estaban cambiando una clase de egoísmo por otra.

Durante esos mismos años millones de personas trataron de poner en práctica los ideales del comunismo el cual, en su pureza teórica, enseña principios de abnegación y altruismo que se parecen, en cierto modo, a las enseñanzas de Jesús. ¿Por qué el comunismo no pudo producir la sociedad ideal que soñaba? Por la misma razón. Igual que todas las demás visiones utópicas, se estrelló en las rocas de la realidad humana. Estaba basada en la idea de que si decimos a las personas que necesitan cambiar, y si realmente logramos convencerlas de ello, entonces cambiarán. Pero saber hacer lo bueno no es suficiente, ni tampoco creerlo.

En la década de los 70 un psicólogo llamado Lawrence Kohlberg anunció que había encontrado una manera de mejorar la moralidad de la gente. Su método consistía en plantear ciertas situaciones imaginarias y preguntar qué es lo correcto en cada caso. Dijo que había logrado enseñar principios de razonamiento moral que permitía a la gente conocer siempre la respuesta correcta. Pero la teoría de Kohlberg se metió en problemas cuando a alguien se le ocurrió preguntarle si los que sabían la respuesta correcta, en realidad harían siempre lo correcto. Ante esta pregunta tan obvia, el psicólogo tuvo que contestar que "a veces".

La verdadera moralidad viene de un corazón renovado por la gracia. El apóstol Pablo dijo: "Y no os adaptéis a este mundo, sino transformaos mediante la renovación de vuestra mente, para que verifiquéis cuál es la voluntad de Dios: lo que es bueno, aceptable y perfecto" (Romanos 12:2). "Verificar cuál es la voluntad de Dios" significa más que la habilidad de dar la respuesta correcta en asuntos de conducta moral. Involucra más que tener información. No podemos "verificar" algo y a la vez permanecer indiferentes. Antes bien, debemos hacerlo parte de nuestras vidas. Y esto será posible sólo cuando hayamos sido transformados por la renovación de nuestras mentes.

Este cambio radical, que es la base de una vida recta, no es un proceso natural. No es fruto de acondicionamiento ni de técnicas de razonamiento moral. El salmista comprendió esto porque exclamó: "Crea en mí, oh Dios, un corazón limpio, y renueva un espíritu recto dentro de mí" (Salmo 51:10; ver 2 Corintios 5:17). La renovación que resulta en verdadera moralidad es un acto de creación; es un don de Dios.

Por esto el primer mandamiento, que nos manda dejar a los dioses falsos, no se detiene con eso. El texto continúa: "No tendréis otros dioses *delante de mí*". Los "otros dioses" no han de ser reemplazados con un vacío. Después de decirnos lo que *no* debemos hacer, el mandamiento nos explica lo que *sí*. La prohibición, entonces, es una orden positiva a adorar al Dios verdadero.

Amor y adoración

Ya hemos visto dos ocasiones cuando Cristo habló del primer mandamiento. En la primera, cuando Satanás lo estaba tentando, Jesús dijo que el primer mandamiento nos ordena adorar a Dios. En la segunda, dijo que nos manda amarlo.

—Amo a Dany, . . . es más, lo adoro —dijo Arlín. Ella, por supuesto, no estaba pensando en términos cristianos. Pero, a pesar de eso, no andaba muy lejos de la verdad. La adoración, en términos bíblicos, es una expresión de amor.

La adoración, igual que el amor, es una actitud del corazón. Es una disposición y decisión de conceder a Dios su lugar como Dios, de colocarlo en el trono y darle el sitial de soberano, haciéndolo el rey de nuestra vida.

Reconocer la soberanía de Dios significa, además, que no trataremos de someterlo a nuestro criterio personal. Rechazaremos la idea de que podemos creer en él sólo en la medida en que somos capaces de entender o explicar su naturaleza. De ser así, el punto de partida para creer sería el ateísmo, y avanzaríamos hacia la fe sólo a través de esfuerzos racionales. Además, Dios quedaría limitado por el tamaño de nuestra capacidad mental. En este caso, lo que estaremos adorando ya no sería a Dios, sino a algo finito, porque conoceríamos sus dimensiones, su principio y su fin.

Lo anterior no quiere decir que la fe cristiana desconoce o desprecia el valor de la razón o de las evidencias que la sustentan. No es malo examinar estas evidencias, pero ellas no son su base.[3]

El conocimiento de Dios y su adoración no empiezan con el razonamiento humano, sino con la revelación. Es decir, Dios primero tuvo que revelarse. No podemos descubrirlo a través de nuestros propios esfuerzos. Y esta revelación de Dios tuvo su máxima expresión en Jesucristo. "Ningún ser humano ha visto jamás a Dios", dijo el evangelista; "el unigénito Hijo, que está en el seno del Padre, él le ha dado a conocer" (Juan 1:18).

Desde sus primeros años Jesús estaba ocupado en enseñar cómo es Dios. Cuando recogía a niños en sus brazos y los bendecía, cuando enseñaba a sus discípulos en las orillas del lago, cuando calmó la tempestad y echó a los cambistas del templo: en todas estas cosas estaba diciendo "Dios es así".

Poco antes de la crucifixión, Felipe dijo: "Señor, muéstranos el Padre, y nos basta" (Juan 14:8).

La respuesta de Jesús refleja que esa pregunta le había causado verdadero dolor: "¿Tanto tiempo he estado con vosotros, y todavía no me conoces, Felipe? El que me ha visto a mí, ha visto al Padre;

¿cómo dices tú: 'Muéstranos al Padre'?" (vers. 9)

Vez tras vez los Evangelios revelan a Felipe como un discípulo que era lento para escuchar y pronto para dudar. Desafortunadamente, puedo empatizar con eso. Pero al tener esta actitud, Felipe corría el riesgo de perder el camino, porque la revelación de Dios no entra a fuerza y a golpes, sino que es concedida a los que están dispuestos a abrir los ojos y los oídos y, sobre todo, sus corazones. En vez de una convicción monumental, todo lo que necesitamos es quitar las barreras y dejar de cerrar los ojos ante la evidencia.

A medida que aceptamos el primer mandamiento, y le concedemos a Dios su lugar en nuestra vida, esa revelación nos es concedida en forma personal. Y ésta es la única manera en que es posible conocer a Dios.

Conceder a Dios el primer lugar, significa dejar a un lado cualquier idea, interés o pensamiento que compitan con él o disminuyan su soberanía en nuestra vida. Este concepto será la base, el principio fundamental de la verdadera moralidad y de la vida espiritual. Será el criterio rector que usaremos para evaluar el sinfín de decisiones y alternativas que nos confrontan día a día. Cada vez, preguntaremos: ¿Este video, este deporte, esta amistad, este trabajo, esta forma de vestir, esta música, ¿cómo afectará mi relación con Dios? Cuando realmente empezamos a vivir así, entonces el orden y la moralidad empezarán a tomar posesión en nuestra vida, la paz ocupará el lugar de la angustia y la esperanza ahuyentará a la depresión y la desesperación. Apenas entonces empezaremos a comprender la clase de obediencia profundamente espiritual que Jesús describió en el Sermón del Monte.

¿Por qué es primero este mandamiento?

Muchas personas creen de alguna manera en Dios, pero no llegan al punto de concederle el primer lugar en sus vidas. Pero éste es el único lugar que Él puede

ocupar, si en realidad, es Dios. Por eso este mandamiento ocupa el primer lugar. Los otros nueve serían
simples reglas morales sin más valor que miles de otras
ideas buenas mientras no le demos a Dios su lugar, y
no lo hagamos Señor y Soberano de nuestra vida.

La pregunta no es: ¿Ya tengo una comprensión
plena y completa acerca de Dios y su voluntad para mi
vida? Tampoco es: ¿Soy suficientemente bueno como
para que me acepte? ¿Ya estoy obedeciendo los otros
mandamientos? No se puede llegar al primer mandamiento obedeciendo los otros nueve, sino que hay
que llegar a los otros a través de éste.

Hay una pregunta que es muy sencilla, pero
sumamente importante: "¿Estoy dispuesto a concederle a Dios su debido lugar? ¿Estoy dispuesto a darle
la primacía en todo?" De eso se trata este mandamiento.

La obediencia al primer mandamiento se encuentra perfectamente resumida en Deuteronomio 10:12:
"¿Qué requiere de ti el Señor tu Dios, sino que temas
al Señor tu Dios, que andes en todos sus caminos, que
le ames y que sirvas al Señor tu Dios con todo tu
corazón y con toda tu alma?"

---

[1] Aquí, como en todo el libro, los nombres son ficticios.

[2] La misma que los griegos llamaban "Astarté".

[3] Tomás de Aquino dijo que no podemos probar (presentar
evidencia coercitiva) a través de la razón humana los artículos de
fe (como, por ejemplo, la existencia de Dios), pero tampoco se los
puede invalidar. Y se puede demostrar la invalidez de los argu-
mentos que se esgrimen en su contra. Ver artículo 8, pregunta 1
(primera parte) de ¿Es argumentativo la doctrina sacra?

"SE VOLVERÁN COMO ELLOS"

El segundo mandamiento

No te harás imagen, ni semejanza alguna de lo que está arriba en el cielo, ni abajo en la tierra, ni en las aguas debajo de la tierra. No las adorarás ni las servirás; porque yo, el Señor tu Dios, soy Dios celoso, que castigo la iniquidad de los padres sobre los hijos hasta la tercera y cuarta generación de los que me aborrecen, y muestro misericordia a millares, a los que me aman y guardan mis mandamientos.
—Éxodo 20:4-6

Habíamos salido de madrugada. Pronto quedaron atrás las luces de la ciudad y continuamos el viaje a través del túnel de luz creado por las lámparas de nuestro coche. Durante un largo rato no se escuchaban más el ruido del motor y el zumbido de las llantas sobre el pavimento.

Por fin, el horizonte comenzó a matizarse de carmesí, anunciando que se aproximaba el día. Entonces lo vimos: un borde finísimo y centelleante de luz que se asomaba tras la colina oriental. No se veía movimiento pero, de alguna manera, continuó deslizándose hasta que, de pronto, había salido todo el disco solar, y ya era de día.

Nuestro primogénito fue el que rompió el silencio que habíamos guardado mientras admirábamos el espectáculo. Un niñito todavía, de cuatro años, David nos sorprendía muchas veces con sus observaciones curiosas.

—Papi —dijo—, ¿si mañana venimos muy temprano y subimos ese cerro, ¿crees que podamos tocar el sol con la mano?

Y pensé: *¡Admirable la visión de un niño!* No es que ellos se sienten grandes, sino que hacen pequeño el universo. La inmensidad del espacio no entra en su comprensión, así que lo reducen a su tamaño.

Allá en la selva un hombre está trabajando. —Vamos a ver —dice—, primero voy a hacer un muñeco de barro. Lo tallo así y asá. Lo dejo un tiempo en el sol y entonces lo pinto de los colores que más me gustan . . . Bueno, ¡ya acabé! ¿Lo ves? Muy bonito, ¿no es cierto? ¿Saben qué es? ¡Sí! ¡Éste es Dios! . . . ¿Qué? ¿Que no me crees? Bueno, claro que no es Dios en persona, pero es su imagen, su figura. Es como un retrato. Con esta imagen puedo adorarlo mejor.

El niño de cuatro años cree que puede extender su manita y tocar el sol. Y el hombre en la selva cree que con su figura de barro puede retratar a Dios. Ambos están cometiendo el mismo error.

El sabio Salomón entendió mejor las cosas. Edificó en Jerusalén un templo enorme y muy hermoso. Cuando lo hubo terminado, organizó una celebración que duró varios días. Pero, aun en medio de la euforia, el gran sabio no perdió de vista el verdadero significado de lo que había hecho. Se dirigió a Dios en oración y dijo: "He aquí, los cielos y los cielos de los cielos no te pueden contener, cuánto menos esta casa que yo he edificado" (2 Crónicas 6:18).

¿Por qué el segundo mandamiento prohíbe la hechura de ídolos o imágenes para representar a Dios? Porque por grandes o costosos que sean, lo único que hacen es empequeñecerlo. Inevitablemente lo reducen al tamaño de un concepto netamente humano. Y éste es, en realidad, el meollo del asunto. Una imagen mental pobre de Dios es el pecado fundamental que el segundo mandamiento quiere ayudarnos a evitar.

El racionalista moderno comete el mismo error. Lanza la pequeña red de su capacidad perceptiva en el vasto océano del universo. Lo que puede atrapar está limitado por el corto radio de sus cinco sentidos y de su capacidad intelectual. Se hace dueño de lo poquito que logra atrapar y rechaza la existencia de todo lo demás. Como dije, es el mismo error, y con esto se demuestra que el problema no se limita a niños e ignorantes.

"El Padre mismo os ama"

Los antiguos pueblos que rendían culto a las imágenes muy pronto terminaron haciendo dioses del tamaño de su imaginación. Precisamente por eso empezó el politeísmo, la idea de que hay muchos dioses. Como sus dioses eran pequeños, no podían creer que con uno solo bastaba para atender las múltiples necesidades de la humanidad.

Cuando empezó la era cristiana, los apóstoles y sus seguidores anunciaron el evangelio con gran fervor, y el resultado fue que en menos de dos siglos la iglesia perseguida llegó a ser la iglesia popular (Hechos 16:26). Todos la aplaudían y los mismos emperadores se vieron obligados muchas veces a consultar su opinión.

Bajo estas circunstancias, convenía ser cristiano, y millones de personas vinieron para solicitar el bautismo. Pero, tristemente, muchos de estos nuevos "conversos" entraron en la iglesia con el mismo concepto de Dios que habían tenido antes. Aceptaron la idea de que hay un solo Dios, pero tenían una visión muy pobre de él. Lo concebían como uno de los dioses paganos, olvidadizo e indiferente, no muy dispuesto a ayudarlos. Pensaban que había que rogarle mucho para convencerlo de cualquier cosa.

Sería difícil pensar en otro error más triste. La Biblia compara el amor de Dios con la más poderosa expresión de amor humano, diciendo: "¿Puede una mujer olvidar a su niño de pecho, sin compadecerse del hijo de sus entrañas? Aunque ellas se olvidaran, yo no te olvidaré. He aquí que en las palmas de las manos te tengo esculpido" (Isaías 49:15, 16).

A pesar de esto, muchas personas llegaron a imaginar que Dios necesita un ejército de intercesores alrededor de su trono que claman día y noche para conseguir que nos ayude. Pero Jesús mismo dijo a sus seguidores: "No os digo que yo rogaré al Padre por vosotros, pues el Padre mismo os ama" (Juan 16:27). Y el apóstol nos anima diciendo: "Acerquémonos con confianza al trono de la gracia para que recibamos misericordia, y hallemos gracia para la ayuda oportuna" (Hebreos 4:16).

La idea de la intercesión de parte de los santos difuntos es una violación del segundo mandamiento, porque está basada en una imagen mental muy pobre de Dios.

"¿Por qué dudaste?"

Un día estaba yo parado sobre el muelle de Guanaja, Honduras, observando mientras un amigo me mostraba unos barcos camaroneros. Tenían alzadas sus grandes redes mientras se secaban al sol. Al atardecer, saldrían nuevamente. El amigo me habló con entusiasmo de las muchas toneladas de camarones que eran traídas cada mañana para ser procesadas y congeladas, para luego ser enviadas a los mercados de Estados Unidos y Europa.

Escuché las estadísticas con alarma, pensando: *con semejante depredación de los recursos naturales, ¡cuán pronto quedarán barridos los océanos!*

Al día siguiente tuve que salir muy temprano para volar desde Guanaja hasta Puerto Cabezas. Bajo el ala izquierda del avión se divisaban las montañas de la costa, y hacia la derecha la inmensidad del mar. Traté de adivinar cuántos kilómetros distaba el punto donde el horizonte se confundía con el azul del cielo.

Unos minutos después, alcancé a ver allá abajo tres camaroneros que iban arrastrando sus redes. Eran de los mismos que había visto el día anterior, pero ahora, ¡cuán diminutos se veían! ¡y qué contraste entre su tamaño y la vastedad del océano!

Entonces pensé: *¿Qué pueden hacer unos barcos tan chiquitos para acabar con el tesoro que Dios tiene guardado en su alacena?* ¡Cómo cambian las cosas cuando las vemos desde otra perspectiva!

Y me pregunté: *¿Cómo será la perspectiva de Dios?* Hay momentos cuando nuestros problemas parecen llenar el cielo y la tierra. ¿Cómo cree que Dios los ve?

Ésa fue la lección que aprendió el apóstol Pedro cuando lo sorprendió una tormenta en el Mar de Galilea. Las olas gigantescas y los vientos lo llenaron de terror, y gritó: "Señor, ¡sálvame!"

"Al instante Jesús, extendiendo la mano, lo levantó y le dijo: 'Hombre de poca fe, ¿por qué dudaste?'" (Mateo 14:31).

El temor y la ansiedad se deben a una falta de fe. Son una violación al segundo mandamiento, porque revelan que, en nuestra mente, Dios es muy pequeño.

Los ídolos sí tienen poder

El salmista escribió acerca de los ídolos: "Los que los hacen se volverán como ellos" (Salmo 115:8). Es muy lógico, ¿no le parece?

El apóstol Pablo observó este fenómeno en sus días. Dijo que los idólatras habían cambiado "la gloria del Dios incorruptible por una imagen en forma de hombre corruptible, de aves, de cuadrúpedos y de reptiles".

"Por consiguiente —añadió—, Dios los entregó a la impureza y a las pasiones depravadas de sus corazones. . . para que hicieran cosas que no convienen". Luego, aclara la expresión "cosas que no convienen" con una lista de pecados que incluye avaricia y malicia, envidia, homicidios, pleitos, engaños, malignidad; y dice que se vuelven chismosos, detractores, aborrecedores de Dios, insolentes, soberbios, jactanciosos, inventores de lo malo, desobedientes a los padres, sin amor y despiadados (Romanos 1:23, 24, 28-31).

Es una lista terrible, ¿no le parece? Pero, ¿será una

exageración? Si los dioses son unos malvados, si son mentirosos, egoístas y sensuales, ¿qué se puede esperar de la gente que cree en ellos?

Recientemente, estando de paso por Oaxaca, México, aproveché la mañana para visitar las ruinas de Monte Albán. Allí, en el museo, aparecen imágenes de los dioses que adoraban los antiguos mesoamericanos: serpientes emplumadas, bestias acurrucadas y figuras humanas con expresiones grotescas de odio y enojo. Allí estaba también el altar donde los sacerdotes arrancaban el corazón de sus víctimas. El guía nos enseñó el campo deportivo con la explicación de que el equipo perdedor o el ganador era sacrificado.

"Los que los adoran —dijo el salmista— se volverán como ellos".

Al mediodía volví a la ciudad y entré en un pequeño comedor. El lugar resonaba con el poderoso "ka-bum, ka-bum" de un ritmo popular, y un ídolo moderno cantaba:

"Todo el día sueño con el sexo,

Toda la noche, pienso en el sexo,

A toda hora, pienso en el sexo cont-i-i-i-igo . . .".

Las siguientes canciones eran diferentes sólo en que usaban términos todavía más callejeros para repetir el mismo mensaje.

¿Quién puede dudar de que los ídolos de ahora también son muy poderosos, y que se adoran tan fervientemente como a aquéllos de la antigüedad? En muchos sentidos, los resultados funestos de la idolatría moderna exceden a los que describe el apóstol Pablo.

Miles de generaciones

Algunas personas se sorprenden porque el segundo mandamiento incluye una solemne advertencia: "Soy Dios celoso que castigo la iniquidad de los padres sobre los hijos hasta la tercera y cuarta generación". Se sorprenden porque Dios dice que es "celoso" y que los hijos y hasta los bisnietos tienen que sufrir por lo que hicieron sus antepasados.

El problema se debe a una lectura superficial del texto. Al observar con más cuidado veremos que el castigo que alcanza "hasta la tercera y cuarta generación" no es una sanción arbitraria aplicada por Dios. El texto dice que el "castigo" que sufren estas personas es "la iniquidad de los padres". Precisamente de esto hablaba el apóstol Pablo en el pasaje que ya citamos. Dice que la adoración de imágenes, la exaltación de lo creado por encima del Creador, quita las barreras y abre paso a la maldad natural del corazón humano. Cuando la gente llega a ser semejante a sus ídolos, la tierra se llena de violencia y el corazón del pueblo se entrega a "injusticia, maldad, avaricia, . . . envidia, homicidios, pleitos, engaños y malignidad". Llegan a ser "chismosos, detractores, aborrecedores de Dios, insolentes, soberbios, jactanciosos, inventores de lo malo, desobedientes a los padres, sin entendimiento, indignos de confianza, sin amor [y] despiadados" (Romanos 1:29-32).

¿Le parece que sería un castigo vivir en medio de esa clase de gente? Ése es precisamente el castigo que alcanza "hasta la tercera y cuarta generación". Es el resultado terrible contra el cual nos quiere advertir el Señor al darnos el segundo mandamiento. Por esto él es "celoso". El celo humano es una manifestación de amor propio. Pero Dios es celoso por su pueblo.

En contraste con esto, la misericordia, el amor y la benevolencia de Dios se extienden hacia "millares" de generaciones de los que los aman y guardan sus mandamientos. Esto se refiere, por supuesto, a la promesa de vida eterna. Jesús dijo: "Padre, quiero que los que me has dado, estén también conmigo donde yo estoy, para que vean mi gloria, la gloria que me has dado; porque me has amado desde antes de la fundación del mundo" (Juan 17:24).

La ley de libertad

El segundo mandamiento es el complemento perfecto del primero. Quien ha tomado la decisión de poner a Dios en el centro de su existencia no permitirá que ninguna cosa creada ocupe el lugar que corresponde al Creador. Y no tendrá ninguna confusión en cuanto a la verdadera adoración porque se apartará de todo lo que disminuye la importancia de Dios en su vida.

Para los que guardan los primeros dos mandamientos, la obediencia a los demás será completamente natural, porque el amor al Creador resulta naturalmente en honrarlo a él y amar también al prójimo.

El apóstol Santiago llama a los Diez Mandamientos "la ley perfecta, la ley de la libertad" (Santiago 1:25). Aunque sólo hemos considerado dos de estos grandes preceptos, desde ya empezamos a ver en qué consiste esa perfección y esa libertad. Muy bien lo expresó el salmista cuando dijo: "Mucha paz tienen los que aman tu ley, y para ellos no hay tropiezo" (Salmo 119:165).

UN NOMBRE
SIN IGUAL

El tercer mandamiento

No tomarás el nombre del Señor tu Dios en vano, porque el Señor no tendrá por inocente al que tome su nombre en vano.
—*Éxodo 20:7*

Sería imposible olvidarlos. Era una familia tan unida y entusiasta que conocimos mi esposa y yo en Puerto Barrios, Guatemala. Cuando los visitamos en su hogar, con la cortesía que caracteriza a los guatemaltecos, uno por uno se pusieron de pie y se presentaron. La primera en hacerlo fue la madre:

—Carmen Reyes, para servirles —dijo con cierta timidez. Nos explicó que su esposo no estaba presente porque ya no vivía con la familia—. Cuando conocimos la Palabra de Dios, él se molestó mucho y se fue —agregó con tristeza.

Entonces, se presentaron los hijos: —Su servidora, Isabel Reyes —dijo la mayor.

—Ramón Arias —dijo su hermano, un joven apuesto de unos 17 años.

—Ana María Reyes —dijo tímidamente la siguiente.

Y así, entre sonrisas y bromas que hacían entre ellos, continuaron hasta que todos se presentaron.

Nos intrigó el hecho de que no todos tenían el mismo primer apellido. Pero ellos, ni tímidos ni avergonzados, pronto aclararon el asunto:

—Es que a papá —dijeron— le gusta beber, y cada

vez que nacía uno de nosotros lo veía como una oportunidad para celebrar, y así ebrio se presentaba en el registro civil. Cuando el encargado del registro preguntaba quién es el padre de este niño, él a veces daba su nombre y otras veces contestaba: "¡A saber! No sé de quién será". Eso le parecía chistoso, pero el resultado es que algunos de nosotros somos hijos reconocidos por él y otros no. De ahí la diferencia de apellidos.

Aquella familia había aceptado la situación y nosotros, por supuesto, no hicimos comentarios al respecto, pero salimos de su hogar pensando: *¡Qué triste! ¿Qué se sentirá saber que el propio padre no lo reconoce a uno, al grado de no haber querido darle su apellido?*

El Señor Jesucristo contó la historia de un muchacho que se rebeló contra su padre y se alejó del hogar. Por fin, cuando había sufrido bastante, recapacitó y emprendió el camino de regreso. Aquí es donde aparece uno de los versículos más hermosos de toda la Biblia. Dice: "Cuando todavía estaba lejos, su padre lo vio, y sintió compasión por él, y corrió, se echó sobre su cuello y lo besó" (Lucas 15:20). Con esto quiso mostrar Jesús la actitud de Dios hacia todo aquel que se acerca a El.

"El que a mí viene —dice en otra parte— no le echo fuera" (Juan 6:37). El que se acerca, aun con timidez, y aunque no entienda perfectamente el camino de la salvación, será "acepto en su amado Hijo" (Efesios 1:6). Jamás escuchará las palabras: "No sé de quién será hijo éste". En Cristo, todos somos hijos amados y reconocidos; todos somos hijos e hijas legítimos.

¿Qué significa llevar el apellido paterno?

"No temas —nos dice el Señor—, porque yo te redimí; te puse nombre [te di mi apellido], mío eres tú" (Isaías 43:1). ¡Hermosa seguridad! Pero, hay más. El pasaje nos aclara lo que significa llevar el nombre que Dios nos ha puesto. "Cuando pases por las aguas, yo estaré contigo, y si por los ríos, no te anegarán; cuando pases por el fuego, no te quemarás, ni la llama te abrasará" (vers. 2,3). Y luego añade que estas bendiciones son para "todo el que es llamado por mi nombre" (vers. 7).

Como todo ser humano, los hijos de Dios tendrán dificultades. Pasarán "por las aguas" y, a veces, "por el fuego". De eso no hay ninguna duda. Pero su promesa es segura: "Las aguas . . . no te ahogarán", dice, y "el fuego . . . no te abrasará" (véase 1 Corintios 10:13). En la hora amarga "yo estaré contigo". ¿Por qué? Porque "llevas mi nombre, mío eres" (vers. 1).

¡Qué glorioso privilegio es llevar el nombre de Dios! Ante la grandeza de este pensamiento, el apóstol Pablo cae de rodillas, exclamando: "Por esta causa, pues, doblo mis rodillas ante el Padre de nuestro Señor Jesucristo, de quien recibe nombre toda familia en el cielo y en la tierra" (Efesios 3:14, 15). Y el apóstol Juan exclama: "¡Mirad, cuál amor nos ha dado el Padre, para que seamos llamados hijos de Dios!" (1 Juan 3:1).

¿Qué podemos hacer para llevar este nombre?

Ante esta perspectiva, usted lógicamente se preguntará: *¿Cómo puedo llevar este nombre? ¿Cómo puedo pertenecer a "la familia de Dios en el cielo y en la tierra"?* Si está pensando así, ¡felicitaciones! De todas las preguntas que se podrían hacer en la vida, ésta es la más importante.

El Señor Jesucristo nos da la respuesta en la instrucción que dio a sus discípulos. Les dijo: "Id y haced discípulos de todas las naciones, bautizándolos *en el nombre* del Padre y del Hijo y del Espíritu Santo" (Mateo 28:19). Es a través del bautismo como llegamos a tomar este sagrado nombre.

¿Qué pensamientos vienen a su mente al oír la palabra "bautismo"?

—Bueno —dice un joven—, cuando escucho ese término recuerdo el bautizo de mi sobrina. Sus papás la tenían en brazos y habíamos formado un círculo alrededor los padrinos, abuelos y amigos. Todos prestamos mucha atención mientras el cura tocaba su frente con agua bendita y entonaba las palabras solemnes: *"Ego baptizo te in nomine Patris, et Fili, et Spiritus Sancti. Amén"*. Entonces todos, en coro, murmuramos: "¡Aaaa-mén!", y sentimos que había sido un momento muy sagrado.

La palabra *"baptizo"*, en latín, pronunciada por el sacerdote en esa ocasión, deriva de un término griego idéntico. Se refiere al acto de sumergir algo o remojarlo con agua. Cuando vino San Juan el Bautista (literalmente, "el Bautizador") y empezó a bautizar a la gente (Juan 3:23), el rito no era nuevo, porque los judíos ya practicaban ceremonias de purificación que llamaban "bautismo". En estas ceremonias se sumergían por completo en tanques de agua para lavar sus impurezas y pecados.[1]

El apóstol Pablo también relacionaba el bautismo con estos rituales judíos, pues lo llama un "lavamiento de regeneración" (Tito 3:5). Pero, en su carta a los romanos, él añadió una nueva dimensión al simbolismo que lo enriquece mucho: "Hemos sido enterrados con él [con Cristo] por medio del bautismo", escribió (Romanos 6:4). En otro lugar, Pablo aclara el significado de este "entierro", diciendo: "con Cristo he sido crucificado" (Gálatas 2:20).

El cambio que ocurre cuando uno se entrega a Cristo es tan grande que hablar de "muerte", o incluso de "crucifixión", no es una exageración. Cuando somos transformados por la renovación de nuestro entendimiento (Romanos 12:2), desaparecen los pensamientos desordenados y destructivos; aparecen nuevos gustos y valores. Ya son distintos los motivos y metas. Todo queda transformado, a tal grado que en verdad se puede decir que la persona que éramos antes ha muerto y otra nueva ha nacido.

El bautismo en el agua es el entierro de aquella persona que "murió". Al mismo tiempo es una celebración, porque simboliza la resurrección de la persona nueva que ha nacido. Es un anuncio público, un testimonio visible de algo que es invisible aunque muy real. Es una manera de decir a todos que una persona nueva, muy diferente, ahora vive en la vieja casa.

Los hijos se parecen a sus papás

Cuando nace un niño la gente siempre busca parecidos:

—Tiene los ojos de su mamá —dice una vecina.

—Pues, en realidad, es casi una fotocopia de mi tía Juana —dice la mamá.

—No —dice el papá, muy ufano—, creo que se parece a mí.

Si en verdad somos hijos de Dios, nos pareceremos a nuestro Padre celestial. Si la gente puede decir: —¡Mira, cuán amable es! Es paciente, es humilde y servicial —entonces, puede agregar—. En realidad, es hijo (o hija) de Dios.

Dijo Jesús: "Amad a vuestros enemigos,. . . para que seáis hijos de vuestro Padre que está en los cielos" (Mateo 5:44, 45). ¿Por qué el acto de tratar bien a los que no lo merecen indica que somos hijos de Dios? Porque así es nuestro Padre. "El hace salir su sol sobre malos y buenos, y llover sobre justos e injustos" (vers. 45).

Con esto empezamos a entender lo que significa el tercer mandamiento cuando dice que no debemos tomar el nombre de Dios en vano.

Tomar en vano el nombre de Dios es llamarse hijo o hija de Dios, y sin embargo continuar con la vida de antes. Es tomar ese sagrado nombre sin experimentar ningún cambio real. Equivale a tomar el nombre de una familia sin pertenecer realmente a ella.

¿Cuánto vale un nombre?

La actriz Teri Hatcher estimó el valor de su nombre en más de un millón de libras esterlinas recientemente cuando demandó al periódico *Daily Sport* de Londres. El rotativo había publicado un artículo en el cual afirmaba que Teri dejaba sola a su hijita de siete años para estar con una serie de amantes. El juzgado estuvo de acuerdo con la demanda, y al publicador le resultó sumamente caro el daño que había hecho el artículo.

¿Cuánto considera que vale el nombre de Dios? Al no vivir a la altura del compromiso cristiano, le estamos haciendo quedar mal. El apóstol Pablo reprendió a algunos que hacían eso, diciendo que "el nombre de Dios es blasfemado entre los gentiles por causa de vosotros" (Romanos 2:22-24).

También lo hacemos quedar mal cuando pronunciamos ese nombre en forma liviana o trivial o lo incluimos en una expresión vulgar o de doble sentido. Los que hacen eso declaran ante el mundo que ese sagrado nombre no tiene valor o importancia para ellos. Aún más grave sería invocar el nombre de Dios para afirmar algo que es falso o quedar mal con una promesa que hicimos en su nombre.[2]

Una promesa cumplida

En el primer capítulo hice una promesa. Dije que en ningún momento le pediría que aceptara ciegamente estas ideas, sino que tendría amplia oportunidad de comprobar por sí mismo su validez.

Si se tratara de alguna filosofía subjetiva, sería apropiado expresar varias opiniones y entrar en discusiones. Si fueran simples reflexiones o propuestas curiosas, podríamos levantarlas de la mesa y tomarlas en nuestras manos, volteándolas de un lado y otro al meditar o especular acerca de ellas. Pero no es así.

Estamos hablando de mandamientos. Cada uno de ellos se expresa en términos imperativos. No dicen: "Me parece que sería preferible no tener otros dioses". Ni sugieren: "deberías considerar la posibilidad de ir dejando la adoración de imágenes, aunque en realidad esto es opcional". Lo que exigen los mandamientos es simplemente acatamiento.

Esto significa que su comprobación no está en el análisis, sino en la práctica. Precisamente por esto, la evidencia de su validez vendrá en la forma de resultados maravillosos, los frutos que se verán en la vida de los que los ponen en práctica.

El primer mandamiento nos insta a amar a Dios y colocarlo en el centro de nuestra existencia, y el segundo aclara más en qué consiste esto. Ahora, el tercero toma en cuenta a los dos primeros, y nos dice: *¿Qué decisión tomarás al respecto? ¿Aceptarás la invitación que te extiende tu Padre celestial? ¿Lo vas a colocar en el centro de tu existencia? ¿Te unirás a su familia, llevando su nombre e imitando su carácter?*

---

[1] Los términos "enterrados" y "resucitados", reflejan la forma en que la iglesia primitiva practicaba el bautismo; lo hacían sumergiendo al candidato por completo en el agua. De hecho, la inmersión fue el único modo de bautizar durante los primeros siglos de la era cristiana.

[2] "Es mejor que no hagas votos, a que hagas votos y no los cumplas" (Eclesiastés 5:5).

HALLANDO PAZ

El cuarto mandamiento

Acuérdate del día de reposo para santificarlo. Seis días trabajarás y harás toda tu obra, mas el séptimo día es día de reposo para el Señor tu Dios; no harás en él obra alguna, tú ni tu hijo, ni tu hija, ni tu siervo, ni tu sierva, ni tu ganado, ni el extranjero que está contigo. Porque en seis días hizo el Señor los cielos y la tierra, el mar y todo lo que en ellos hay, y reposó en el séptimo día; por tanto, el Señor bendijo el día de reposo y lo santificó.

—Éxodo 20:8-11.

No sé cuántas veces hice la travesía en lancha para llegar al puerto de Livingston en la costa noreste de Guatemala, pero fueron muchas. Sin embargo, hubo un viaje que jamás olvidaré.

Eran las cinco de la tarde cuando llegamos al muelle para partir; ya estaba obscureciendo y de las densas nubes caía una persistente lluvia. Así que, en vez de ocupar las bancas de la cubierta para disfrutar las brisas tropicales, todos los pasajeros buscamos cobertizo, atestando el corto espacio de la cabina. Apenas zarpamos, dejando atrás la protección del rompeolas, nos azotó la tormenta.

Ráfagas de viento y lluvia arremetían contra las ventanas con una furia que amenazaba romperlas. Yo con una mano me aferraba del mamparo para no caer, y con la otra sostenía mi cabeza, anhelando, de alguna manera, aplacar las fuertes náuseas que acompañaban cada bandazo de la embarcación. El ruido del viento hacía imposible cualquier conversación, pero de cuando en cuando se oían gemidos e imprecaciones. En otras ocasiones, distantes puntos de luz que parpadeaban en las chozas de la costa marcaban nuestro avance, pero esta vez no se podía ver ni la proa de la lancha.

En condiciones normales el viaje duraba unos 90 minutos; ahora parecía eterno. Yo ya empezaba a creer que el capitán había perdido el rumbo y que estábamos saliendo a mar abierto, cuando, sorpresivamente, sobrevino una maravillosa calma. En vez de bambolearse de un lado a otro, la lancha empezó a moverse tranquilamente sobre el agua y adelante ya divisábamos, a través de la lluvia, las luces de nuestro destino.

¿Qué había producido esta maravillosa transformación? Habíamos entrado en el puerto. En realidad, el viento no se había aplacado. Allá, en mar abierto, las olas se alzaban tan bravas y peligrosas como antes, pero ya no nos asustaban, porque habíamos alcanzado el albergue y estábamos seguros.

La Biblia dice que en el principio la tierra entera estaba envuelta por una tormenta muchísimo peor que la que experimentamos esa noche. En medio de impenetrable oscuridad, agua, aire, rocas y tierra se retorcían y revolvían en un violento y caótico remolino primordial (Génesis 1:1, 2).[1]

Entonces, habló Dios, y las tinieblas huyeron. Volvió a hablar y existió la atmósfera, aparecieron los continentes, se alzaron las cordilleras y el océano quedó confinado dentro de sus límites. En cada detalle la creación fue un movimiento del desorden hacia el orden, del torbellino hacia la calma.

¡Qué interesante es leer en el registro sagrado la reacción de Dios ante estos eventos! Dice que al final del tercer día "vio Dios que era bueno" (vers. 10). ¿Por qué diría esto por primera vez precisamente en el tercer día? Quizá lo dijo porque ya existían cuatro cosas: luz, aire, agua y tierra. Éstos eran los elementos esenciales para sostener la vida de las plantas. Eran la perfecta provisión para el siguiente paso.

Entonces, en ese mismo día, el áspero esqueleto de

la tierra se vistió de verde. Aparecieron pastos, lianas, helechos y musgos. Majestuosos árboles alzaban sus brazos hacia el cielo. Pinos y flores perfumaban el aire.

Las plantas, a través de la fotosíntesis, sirven a la vida animal produciendo alimento y oxígeno. Así que la creación de las plantas era la provisión necesaria y completa para la siguiente etapa: la creación de los animales. Después, por segunda vez en un mismo día, el Señor vio lo que había hecho y dijo que "era bueno" (vers. 12).

En el quinto y sexto días Dios habló nuevamente, y el mar y los cielos se llenaron de criaturas que nadaban, volaban, caminaban y se arrastraban sobre la faz de la tierra. Y, una vez más, el Creador expresó su satisfacción por los resultados (vers. 25).

Entonces "dijo Dios: Hagamos al hombre a nuestra imagen, conforme a nuestra semejanza; y ejerza dominio sobre los peces del mar, sobre las aves del cielo, sobre los ganados, sobre toda la tierra, y sobre todo reptil que se arrastra sobre la tierra. Creó, pues, Dios al hombre a imagen suya, a imagen de Dios lo creó; varón y hembra los creó" (Génesis 1:26, 27).

La creación de seres inteligentes para gobernar la tierra, fue el último paso en la conquista del orden. Ahora, con infinito gozo, el Creador contempló su obra concluida, y esta vez no dijo simplemente que era bueno. Anunció que "era bueno en gran manera" (Génesis 1:31).

La ciencia nos asegura que la materia está hecha de electrones, protones y otras partículas, que, en realidad, son una forma de energía, pero energía que está organizada de una manera sumamente sofisticada y compleja. Estas partículas se combinan para formar los elementos que van desde el hidrógeno, que es el más sencillo, hasta los muy pesados y radioactivos como el uranio.

Los elementos se combinan entre sí formando moléculas, que también van desde las muy sencillas, como la sal común, hasta otras que son por demás complejas y que ocurren solamente en los organismos vivos, por lo que se llaman orgánicas. Una sola molécula de proteína puede tener millones de átomos. Y todo organismo vivo, desde los microbios hasta la ballena más grande, las tiene.

Así que, también en el nivel molecular la obra de la creación representa una marcha hacia el orden y la organización. Cada avance comprendido en el proceso implica miles y, en algunos casos, miles de millones de cambios en la materia prima.

Contrario a la naturaleza

Los físicos han sintetizado lo que ellos llaman las tres leyes de la termodinámica. La segunda de ellas declara que en los sistemas de la naturaleza hay una tendencia invariable hacia la desintegración, el desorden y la pérdida de energía. A esto llaman el principio de la entropía.

El proceso de la creación implica precisamente lo opuesto. A través de transformaciones bioquímicas y físicas increíblemente complejas, un planeta sumamente caótico y desordenado se convirtió en todo lo contrario. Cuando Dios dijo que "era bueno *en gran manera"*, fue porque la tormenta había desparecido, ya habían terminado el caos y el desorden primordial, y toda la tierra era una simbiosis perfectamente integrada y armoniosa. Cada elemento y cada detalle de la creación servía a los demás, y todos, a una, testificaban del amor e infinita sabiduría de Dios.

No es, de ninguna manera, una casualidad la relación de ideas que aparece en el texto:

(A) "Dios vio . . . que todo era bueno en gran manera" y, entonces,

(B) reposó.

Claro está que este "reposo" de Dios nada tiene que ver con el cansancio. Es el reposo que hay cuando el orden ha tomado el lugar del caos. Es la paz que sigue después de la tormenta. Vio Dios que "todo era bueno en gran manera", y entonces, él "reposó".

Una obra concluida

Aquí está el pasaje completo en el que aparece esta declaración. Observe especialmente los términos que he señalado:

"Y vio Dios todo lo que había *hecho* [1], y he aquí que era bueno en gran manera. Y fue la tarde y fue la mañana: el sexto día. Así fueron *acabados* [2] los cielos y la tierra y todas sus huestes. Y en el séptimo día *completó* [3] Dios la obra que había *hecho* [4]; y *reposó* [5] en el día séptimo de toda la obra que había *hecho* [6]. Y bendijo Dios el séptimo día y lo santificó, porque en él reposó de toda la obra que él había creado y *hecho* [7]" (Génesis 1:31–2:3).

Siete veces en este breve pasaje se destaca la idea de que la creación era una obra concluida. Esto significa que cuando Dios "reposó", cuando cesó y dejó de trabajar era porque la creación era una obra acabada en todos sus detalles. No quedaba algo pendiente, no hubo ninguna omisión ni olvido. No había una parte que no coordinara armoniosamente con las demás. "Vio Dios todo lo que había hecho, y he aquí que era bueno en gran manera".[2]

Señal de una perfecta provisión

He aquí una ilustración que sirve para aclarar la importancia de esta idea. Tratemos de imaginar por un momento cómo sería el caso si Adán, apenas salido de la mano de Dios, hubiese saltado sobre sus pies y dicho:

—Señor, ¿no quieres que te ayude en algo?

Al oír esto, el Señor hubiera sonreído y dicho: —No, Adán, el trabajo ya quedó terminado.

—Pero debe de haber quedado algo. ¿No quieres que te ayude a pintar las alas de la mariposa?

—No, las alas de la mariposa ya tienen su color.

—Mmm, bueno . . . quizás pueda enseñarle a cantar al cenzontle.

—No, el cenzontle sabe cantar mucho mejor que lo que tú jamás podrías enseñarle.

—¿Qué tal si me pongo a verificar si el aire tiene suficiente oxígeno? Bien sabes que un poquito de más o de menos podría ser muy peligroso. Quizá yo puedo ayudarte a calibrarlo.

—No, eso también ya está calibrado.

—Pero, Señor, ¿qué quieres que haga? Debe de haber algo que yo pueda hacer.

—Sí hay.

—¿Qué es, Señor?

—Quiero que reposes.

—¡Que repose! Pero, Señor, yo no he hecho nada. ¿Cómo voy a descansar cuando no he trabajado?

—Eso es precisamente lo que debes entender. Quiero que confíes en mí, Adán. Debes creer que, en realidad, he hecho una provisión completa y perfecta para todas tus necesidades.

Y éste es el significado del reposo en el séptimo día. Quizá si Dios nos hubiese creado a principios de la semana y nos hubiese solicitado alguna ayuda o, por lo menos, nuestra opinión de las cosas, podríamos tener un poquito de gloria. Pero no sucedió así. La observancia del sábado era, desde el principio, es ahora y siempre será una celebración de la obra de Dios y no de la nuestra. Como Adán, reposamos para señalar que aceptamos esa realidad, que confiamos en la perfecta provisión que Dios ha hecho por nuestro bienestar y felicidad. Significa que nos colocamos reposadamente en sus manos, confiando en su sabiduría, su plan y provisión para nuestras vidas.

Así que, en un sentido profundo y significativo, nuestra observancia del sábado es un acto de adoración, porque *significa que aceptamos la posición de Dios como Creador y la nuestra de criaturas.*

En toda religión falsa, e inclusive en las interpretaciones equivocadas del cristianismo, la adoración consiste en *hacer* algo. Pero en la religión verdadera, la que enseña la Biblia, se adora *dejando de hacer*—dejando a un lado nuestras luchas, nuestro propio esfuerzo y trabajo, y reposando con serena confianza en lo que Dios ha hecho por nosotros.

Dice el cuarto mandamiento: "El séptimo día es sábado". El nombre del día, la palabra "sábado", significa "reposo". El séptimo día es el reposo señalado por Dios mismo. Es el día en que nos invita a unirnos con él en su reposo, "en él no harás obra alguna".

Al reposar con él, declaramos al universo que el reposo sabático es señal de una relación con Dios que está fundamentada en la fe. O lo que es lo mismo, el sábado es *señal de salvación por fe.*

Pero nuestro reposo en el día sábado no sólo simboliza esta relación; también la promueve, la profundiza y en sí forma parte de su realidad. Nuestro reposo en el séptimo día no sólo declara que hallamos seguridad y paz en el amor de Dios, sino que fomenta esa seguridad. Afirma y, a la vez, confirma la relación entre Dios y su creación.

Por esta razón, el sábado es complemento y garantía de los primeros tres mandamientos, los cuales nos ordenan adorar a Dios y concederle el primer lugar en nuestra vida.

Un mandamiento de misericordia

¿Cuántas personas viven hoy frustradas y abrumadas por sus responsabilidades y problemas? Corremos y nos afanamos, pero el tiempo no alcanza nunca. Debemos ganarnos la vida, mantener el hogar, atender las relaciones y los compromisos, educar a los hijos, cuidar la salud, hacer compras, pagar las cuentas y realizar miles de tareas más. El problema es que somos finitos y la vida siempre, siempre exige más. El gran Cecilio Rhodes lo dijo en su lecho de muerte: "¡Tanto que hacer! ¡Tan poco tiempo!" Incontables personas hoy hacen eco de su frustración.

Ante el interminable ajetreo, ante las exigencias de una vida que, como la boca del sepulcro, nunca grita: "¡Ya basta!", el Señor nos ofrece el apacible oasis del sábado. Hernando Wouk, dramaturgo y observador del séptimo día, escribió: "El sábado es un sorbo de agua fresca que aguarda al caminante al final de un viaje largo y fatigoso. Es como los brazos de una madre que se extienden para recibir a un niño cansado".

"Seis días trabajarás", dice el cuarto mandamiento. Éste es el tiempo tuyo. Pero todo esto tiene un límite: es el sábado. En él debes descansar.

El cuarto mandamiento no dice: Trabajarás hasta que caigas agotado. Tampoco dice: Debes acabar todas tus tareas. Cuando todo es perfecto, cuando ya no hay nada que hacer, entonces puedes reposar. "Seis días", dice. En ellos trabaja, lucha, haz tu mejor esfuerzo. Pero a todo eso hay un límite: es el sábado; en él reposarás.

El sábado es una parábola de la vida, porque nos enseña que llegaremos al fin de nuestra existencia, y con nuestro último suspiro estaremos pensando todavía en más cosas que haríamos. . . si tan sólo hubiera tiempo. Nos enseña a hacer lo que podemos en el tiempo disponible, y entonces descansar.

El que nos hizo sabe que, motivados tal vez por una ambición egoísta o bien por el sincero deseo de hacer lo mejor posible, podemos caer en la intemperancia y el exceso. Por esto, nos ha dado el cuarto precepto del decálogo como un mandamiento de misericordia. "Seis días trabajarás —dice—, pero no más. En el séptimo, reposarás".

El Señor Jesús dijo que el sábado fue hecho *para* el hombre (Marcos 2:27). Es un regalo preciosísimo dado para nuestro provecho y protección. Es el puerto que alcanzamos después de la tormenta, el oasis donde el fatigado viajero encuentra sosiego y repone sus fuerzas para seguir con las luchas de la vida.

El sábado y la cruz

—¿Así que Dios les ha dicho que no coman del fruto de ningún árbol del jardín?

Podría parecer una pregunta inocente la que lanzaba el intruso.

Y la mujer, incauta, no vaciló en contestar. Ella estaba dispuesta a defender el honor de Dios:

—No es cierto —dijo—. Podemos comer del fruto de cualquier árbol, menos del árbol que está en medio del jardín. Dios nos ha dicho que no debemos comer ni tocar el fruto de ese árbol, porque si lo hacemos moriremos.

—Claro que no morirán —replicó el intruso con tono de desprecio—. Es que Dios sabe muy bien que cuando ustedes coman del fruto de ese árbol podrán saber lo que es bueno y lo que es malo, y entonces serán como Dios (Génesis 3:1-5).[3] *Aquí hay algo que Dios quiere ocultarles. No quiere que lo sepan.*

El sábado era un mensaje de fe: "Confíen en mí. Acepten que realmente he hecho una perfecta provisión". Pero el mensaje del enemigo es precisamente lo contrario: "No es cierto que Dios haya hecho una provisión perfecta. Falta algo. Deben apartarse de su plan y hacer las cosas por ustedes mismos".

Al aceptar sus insinuaciones, Adán y Eva se unieron con el enemigo en su actitud de desconfianza y desobediencia. Con esto se hizo necesaria una provisión adicional, un plan a través del cual los seres humanos podían ser rescatados y traídos de vuelta a una relación de fe, confianza y obediencia.

Fue un viernes en el Edén cuando el Creador terminó su obra y reposó de su obra perfectamente acabada de la creación. En otro viernes, el Señor Jesucristo acabó la obra de la redención y, al morir, exclamó: "Consumado es" (Juan 19:30).

Acto seguido, sus discípulos bajaron su cuerpo de la cruz y lo acostaron en el sepulcro. En ese momento el sol estaba por ocultarse y, dice la Escritura, "el sábado estaba a punto de empezar" (Lucas 23:54). Así, por segunda vez, el Salvador reposó de una obra consumada en el séptimo día.

Entonces, el sábado, creado para conmemorar la provisión de Dios para un mundo perfecto, llegó a tener un significado adicional. A partir de ese día, también simbolizaría su perfecta provisión para un mundo perdido en el pecado, su plan para redimirnos y para sanar y devolvernos a una relación de fe y confianza en él.

Este segundo significado del sábado fue anticipado mucho antes de la cruz. Cuando el Señor dio los Diez Mandamientos en el Monte Sinaí, explicó la razón de la observancia del sábado haciendo alusión a la creación. Pero cuando Moisés repitió los Diez Mandamientos 40 años más tarde, los citó de una manera que claramente anticipaba la segunda razón para la observancia del sábado. Dijo: "Recuerda que también tú fuiste esclavo en Egipto, y que el Señor tu Dios te sacó de allí desplegando gran poder. Por eso el Señor tu Dios te ordena a guardar el sábado" (Deuteronomio 5:15).

Dios creó a los seres humanos para "señorear" sobre la tierra (Génesis 1:26, 27). La esclavitud es lo opuesto de esta condición. Dios no sólo quería rescatar a su pueblo de una esclavitud literal; era su intención traerle de vuelta a una relación de confianza con él (Éxodo 19:4), y ponerle nuevamente en una posición real. Quería que fueran "reyes y sacerdotes" (vers. 5, 6; ver también 1 Pedro 2:9 y Deuteronomio 16:11, 12).

Así que el sábado, es una celebración no sólo de la creación, sino también de nuestra liberación de la esclavitud. Y ese rescate es precisamente lo que significa la palabra "redención".

Ya notamos el significado del sábado como complemento y garantía de los primeros tres mandamientos. Como señal de nuestra redención de la esclavitud, el sábado llama nuestra atención a la necesidad de respetar a nuestro prójimo. Nos insta a recordar la roca de donde fuimos tallados, la cantera de donde fuimos excavados (Isaías 51:1). De esta manera, el cuarto mandamiento también imparte significado a los siguientes seis preceptos, los cuales hablan de nuestro deber para con otros seres humanos (véase Deuteronomio 16:11,12).

Karl Barth no exagera al decir que "el mandamiento del sábado ilumina todos los demás, y todas las formas de entenderlos. Por lo tanto, tiene que ocupar su lugar como la cabeza de todos".[4]

Entremos en el reposo

No sé cómo será su caso, pero yo he pasado por algunos momentos cuando pareciera que la segunda ley de la termodinámica estaba funcionando también en mi vida, que el principio del desorden se quería imponer a toda costa. Hasta he llegado a pensar que una experiencia como la que pasé aquella noche en la travesía hacia Livingston iba a ser una realidad permanente en mi vida.

Sospecho que el apóstol Pablo, en algún momento, llegó a sentir algo parecido porque confesó: "No hago el bien que deseo, sino que el mal que no quiero, eso practico. . . . Porque en el hombre interior me deleito con la ley de Dios, pero veo otra ley en los miembros de mi cuerpo que hace guerra contra la ley de mi mente, y me hace prisionero de la ley del pecado que está en mis miembros" (Romanos 7:19-23).

Con una honestidad total, el gran apóstol se reconocía un ser humano completamente normal y que las tormentas espirituales eran una realidad en su vida. Es la realidad que vive todo aquel que ha comprendido la necesidad de cambiar y mejorar su vida, pero en seguida se encuentra en un combate brutal contra sus antiguos hábitos y pasiones.

Entonces, ¿qué diremos? ¿Estamos condenados a navegar siempre en medio de esa "tormenta"? No, en el mismo pasaje el apóstol nos dice cómo encontrar el puerto: "¡Gracias a Dios por Jesucristo, por nuestro Señor! —exclama— (vers. 25). "Ya no hay condenación para los que están en Cristo Jesús, los que no andan conforme a la carne, sino conforme al Espíritu" (Romanos 8:1,2).

Hay también otro pasaje que habla del sábado como símbolo de este reposo espiritual que Dios ofrece a sus hijos: "Queda, por tanto, un reposo sagrado para el pueblo de Dios. Pues el que ha entrado a su reposo [el reposo que ofrece Dios], él mismo ha reposado de sus obras, como Dios reposó de las suyas" (Hebreos 4:9,10).

Adán aceptó que Dios realmente había hecho una perfecta provisión para él en la obra acabada de la creación. Señaló esta aceptación al reposar en el séptimo día. Los cristianos hoy nos unimos con él al celebrar la bondad y la amorosa provisión de Dios en la Creación. Al apartarnos de la interminable presión de nuestras actividades habituales, y salirnos del trajín durante las horas del sábado, estamos reconociendo que el mundo no gira alrededor de nosotros, que el sol no se levanta en la mañana y las flores no exhalan su perfume bajo nuestras órdenes, y que la creación puede subsistir perfectamente sin nuestra ayuda. Nuestro reposo físico en el día sábado es una celebración de la maravillosa provisión de Dios para nosotros en el mundo físico, como lo ha sido para el pueblo de Dios desde el principio.

Y nuestra fe en Jesús añade una nueva y hermosa dimensión a todo esto. Tal como dice el pasaje de Hebreos 4, el reposo sabático ahora significa que aceptamos que Cristo ha logrado nuestra salvación en la cruz del Calvario.

Gracias a esa obra terminada, el cristiano puede "reposar de sus obras", es decir, del frustrante e imposible esfuerzo por ganarse la salvación por medio de sus propias virtudes. Puede aceptar simplemente por fe que cuando Cristo dijo, "consumado es" era cierto, y que él realmente había logrado la salvación para "todo aquel que en él cree" (Juan 3:16).

Esta relación de fe y confianza en Dios, que es simbolizada cuando reposamos en el séptimo día, es "la paz de Dios que sobrepasa todo entendimiento" (Filipenses 4:7). Es el reposo que disfrutan todos los que "están en Cristo Jesús".

Gracias a Dios por el mensaje del sábado. Significa que no tenemos que navegar siempre a la deriva en un mar de problemas y congojas. No tenemos que vivir siendo esclavos de nuestros impulsos y pasiones. Podemos entrar en el puerto y alcanzar el reposo que el Señor ofrece a cada ser humano.

Quizá usted está dudando en este momento, y preguntándose: *¿Qué debo hacer con todo esto?* No dude más, sino con pasos alegres y confiados, entre en este precioso reposo. Escuche el consejo del apóstol: "Por tanto, temamos, no sea que permaneciendo aún la promesa de entrar en su reposo, alguno de vosotros parezca no haberlo alcanzado" (Hebreos 4:1).

---

[1] No pido disculpas por tratar los relatos de la creación como historia verídica. Mi convicción al respecto está fundamentada en razones bíblicas y científicas. Sin embargo, comprendo que algunas personas pueden tener reservas en cuanto al asunto, prefiriendo verlas como herramientas didácticas. De todos modos, está claro que cualquier intento por comprender los Diez mandamientos requiere un estudio serio de estos capítulos porque son fundamentales para una comprensión de la ley moral, como también del mensaje de toda la Biblia.

[2] Ver Samuele Bacchiocchi, *Reposo divino para la inquietud humana* (Berrien Springs, MI: Publicado por el autor, 1980).

[3] Citada de *La Biblia,* Versión Popular, segunda edición, Sociedades Bíblicas Unidas, 1983.

[4] Karl Barth, *Church Dogmatics* (Edinburg: T & T Clark, 1975), III:4, pp. 49, 57.

EL ÚLTIMO BESO

El quinto mandamiento

Honra a tu padre y a tu madre,
para que tus días sean prolongados
en la tierra que el Señor tu Dios te da.

—*Éxodo 20:12*

Eleni Gatzoyannis no era rebelde. Vivía en Grecia durante el tiempo en que ese país estaba siendo convulsionado por una guerra civil (1946-1949), y cuando los comunistas tomaron su casa para usarla como su cuartel, ella no ofreció resistencia. Cuando la obligaron a trabajar en obras públicas para la comunidad y reclutaron a su hija mayor para la milicia, no se opuso. Consideraba que todo esto podría ser temporal, y que algún día la vida volvería a la normalidad.

Pero, entonces, anunciaron que iban a quitarle sus dos hijos menores, niños de 6 y 8 años de edad, para llevarlos a otro país donde serían adoctrinados en los principios del partido. En lo más profundo de su alma Eleni sabía que eso no podría ser, y empezó a trazar planes para salvarlos. Comprendió que si intentaba huir con ellos cruzando las líneas de combate para colocarlos en manos de un tío que podría ayudarlos, sería detenida y arrestada, pero razonó correctamente que dos niños caminando solos por la carretera no llamarían la atención.

Así que, a la luz del amanecer, Eleni salió con sus hijos para acompañarlos una corta distancia. Luego, con un abrazo ferviente y abundantes lágrimas les dio el último beso y los despidió. Cuando habían caminado bastante, los muchachos miraron hacia atrás y allá en la distancia vieron a su madre que todavía levantaba la mano para despedirse de ellos.

Cuando los camaradas vinieron por los niños Eleni trató de disimular, pero muy pronto supieron la verdad. Fue arrestada y colocada en el sótano de su propia casa. Allí la torturaron y luego la sacaron a la huerta detrás de la casa para colocarla ante un pelotón de fusilamiento. Los que estuvieron presentes aquel día dijeron que en el instante antes de los disparos, Eleni alzó sus brazos y gritó: "¡Mis hijos! ¡mis hijos!"

No es difícil entender por qué la historia de esta valiente madre ha conmovido el corazón de millones. Toca una cuerda sensible en cada uno, porque la relación entre padres e hijos es universal. Eleni hizo lo que toda madre siente que estaría dispuesta a hacer si fuese necesario. La mayoría de los padres morirían por sus hijos sin dudas ni vacilación.

El quinto mandamiento se refiere a esta poderosa relación; pero, por una razón muy importante, está dirigido a los hijos. Muchas personas nunca llegan a ser padres de familia, pero todos somos hijos o hijas. Nuestra relación con nuestros padres, o aun la falta de ella, nos afecta para bien o para mal hasta el último día de nuestra existencia. Y de esto trata el quinto mandamiento.

No podemos cambiar la realidad de la situación en que nacimos. No tuvimos voz ni voto en escoger a nuestro padres, y tampoco podemos cambiarlos para hacer que cumplan nuestro criterio de cómo deben actuar. El apóstol recordó que nuestros padres "nos disciplinaban por unos pocos días como les parecía" (Hebreos 12:10). Pueden haber realizado esta tarea con gran habilidad o con muchos errores; o bien, como sucede con la mayoría de nosotros, con una combinación de ambas cosas. Lo que hicieron o no hicieron, inevitablemente, nos afecta; pero jamás se puede exagerar al decir que somos afectados más profunda y permanentemente por nuestra actitud hacia sus esfuerzos que por el método específico que utilizaron. Por esto, precisamente, el quinto mandamiento pone la responsabilidad por el éxito de la relación entre padres e hijos en el lugar donde realmente corresponde. Se refiere al aspecto de la relación que nos afecta primero y más; un aspecto que sí depende de nosotros. Si bien no pudimos elegir a nuestros padres, ni podemos cambiarlos, la actitud que asumimos hacia ellos, definitivamente, depende de nosotros.

Por muchos años pertenecí a la comisión de disciplina en una universidad cristiana. Un día nos tocó entrevistar a un alumno cuyo lenguaje corporal hablaba a gritos. En realidad, la comisión estaba menos interesada en saber qué había hecho que en descubrir cuál era su actitud en cuanto a permanecer en la universidad. Pero la respuesta parecía obvia. Nos miraba con una expresión de odio y se inclinaba hacia atrás en la silla con los brazos cruzados sobre su pecho. La entrevista que tuvo lugar no era sorprendente. Todo lo que le decíamos o preguntábamos resultaba en una explosión de enojo o desprecio. Pronto los miembros de la comisión estaban sacudiendo la cabeza y mirándose unos a otros.

Después de unos minutos, en los que obviamente no habíamos logrado avanzar, le dije:

—Reynaldo, me gustaría entenderte. Veo que hasta la pregunta más sencilla que te hacemos la respondes con una expresión de enojo. ¿Qué es lo que nos quieres decir?

No respondió, pero ahora dirigió su mirada de ira directamente a mí. Después de una pausa, le dije:

—Me pregunto si sientes que existe una enemistad entre tú y la comisión, como si estuviéramos todos en contra tuya. ¿Es eso lo que sientes?

Con esto, su mirada pareció ablandarse un poco, pero todavía no contestó, hasta que le dije:

—¿Cómo está la situación entre tu papá y tú,

Reynaldo? ¿Eres así con él también?

Entonces, por primera vez, miró hacia abajo, la expresión de su cara reflejó algo como nostalgia y tristeza y dijo con voz entrecortada y suave: —Sí, es verdad, así es.

Yo conocía bien a su padre: un hombre de temperamento recio y de mucho éxito en la vida. ¿Será que Reynaldo, por alguna razón, quería lastimar y avergonzar a su papá? Probablemente así era. Por cierto, estaba en sus manos hacerlo. En esta vida somos juzgados más por los resultados de nuestros esfuerzos que por lo que hicimos o no hicimos para lograrlos. Y en ningún otro aspecto de la vida es más cierto esto que en la tarea de ser padres. También es cierto que nadie nos puede lastimar tanto como alguien que amamos.

Pero no se requiere una gran sabiduría para reconocer que la persona más afectada por la actitud de Reynaldo era él mismo. Su presente y futuro estaban en juego debido a la gran ira y hostilidad que traía por dentro. Lamentablemente, nuestros esfuerzos en ese día, y la consejería posterior que le ofrecimos, no tuvieron efecto, y no mucho después de esa entrevista se precipitó al abismo que parecía tan cerca en ese instante.

Como el caso de Reynaldo ilustra tan claramente, lo que sentimos hacia nuestros padres, me refiero a nuestra actitud hacia ellos, la reacción profunda que se provoca en nosotros cuando nos acordamos de ellos afectará la manera en que nos relacionamos con toda autoridad y, en gran medida, con todos los demás seres humanos. Y es muy probable que afecte también nuestra relación con Dios.

El principio enunciado en el quinto mandamiento es un fundamento sólido para alcanzar el éxito en el estudio , en el trabajo e incluso en el matrimonio. De hecho, la primera vez que el matrimonio se menciona en la Biblia, se describe como la condición de un hombre que deja a su padre y a su madre y se une a su mujer (Génesis 2:24). Así que el matrimonio es una transferencia y, en cierto sentido, una continuación de la relación que empezó con nuestros padres. Cualquier persona que tiene problemas no resueltos en su relación con sus padres, entrará en la relación matrimonial con un serio contratiempo, y es muy probable que tenga problemas en otras áreas de su vida también. Por esto es que el mandamiento dice que honrar a nuestros padres significa que nuestros días serán "prolongados en la tierra" que Jehová nuestro Dios nos da. Una relación saludable con nuestros padres es la base de buenas relaciones, paz mental y éxito a lo largo de toda nuestra vida.

La honra es una actitud del corazón

Los Diez Mandamientos se dividen en dos grupos. Los primeros cuatro se refieren a nuestra relación con Dios, y los otros seis nos enseñan cómo relacionarnos con nuestros semejantes.

El primer mandamiento nos ordena adorar a nuestro Padre celestial. Y el quinto, que encabeza la segunda sección, nos ordena honrar a nuestros padres terrenales.

La honra, igual que la adoración, es una actitud del corazón. No se refiere a un acto específico sino a la forma cómo nos relacionamos con ellos.

El apóstol Pablo dice que el quinto mandamiento significa que los hijos deben obedecer a sus padres (Efesios 6:1). Cuando algunas personas, e incluso algunos padres, oyen la palabra "obediencia", inmediatamente piensan en control, como la manera en que responde una máquina cuando abrimos una válvula o movemos una palanca. Pero la obediencia que nace de una actitud de honra es la respuesta inteligente de una voluntad libre; es una expresión activa de amor y respeto, no un acatamiento ciego a la autoridad.

Observe cómo el sabio Salomón señala esta idea: "Hijo mío, guarda el mandamiento de tu padre, y no abandones la enseñanza de tu madre; átalos de continuo en tu corazón, enlázalos a tu cuello. Cuando andes, te guiarán; cuando duermas, velarán por ti; y al despertarte, hablarán contigo" (Proverbios 6:20-22). Está claro que aquí se habla de una actitud. Obedecer sin este espíritu de honra es una pesada y vil tarea; más que eso, es esclavitud.

Honrar a nuestros padres significa hacerlos quedar bien siendo nosotros buenos, y colaborar con ellos en sus esfuerzos por ayudarnos a alcanzar el éxito en la vida.

El quinto mandamiento nos dice que debemos quitarnos los guantes de boxeo y dejar de oponernos a ellos; que debemos escuchar su consejo, hablar bien de ellos ante los demás y buscar la manera de mostrarles aprecio y respeto. Nuevamente se escucha la voz del Sabio: "Alégrense tu padre y tu madre, y regocíjese la que te dio a luz" (Proverbios 23:25).

El principio de la honra no varía, pero la forma en que se debe aplicar cambia a través de la vida. Poco después de terminar mis estudios de carrera, tuve el gran privilegio de trabar amistad con Enrique Baasch, un formidable alemán, nacido alrededor de 1885 en Hamburgo y poseído de una rica experiencia, sabiduría y buen humor.

Un día me dijo:

—Eres hijo de tu papá, ¿verdad?

—Ah, bueno,. . . creo que sí —respondí, sin estar muy seguro de lo que implicaba su pregunta.

—Sí, me imagino que así es —dijo—, porque sólo tienes 21 años. Pero no te preocupes. Eso va a cambiar. En la vida, tu padre primero es tu padre, después se convierte en tu hijo. A mí ya me pasó. Mi hijo ya es mi papá. Me dice lo que debo hacer, y yo le hago caso.

El principio de la honra tendrá una expresión distinta para un niño de cinco años que para uno de catorce. Y a los catorce no es igual que a los veinticinco. La debilidad y enfermedad de nuestros padres en sus últimos años, producen otros cambios.

Entonces, la honra tendrá otra dimensión. Si no reconocemos estas circunstancias cambiantes para adap-
tarnos a ellas, habrá problemas. Pero cuando la
relación marcha bien, es en el atardecer de la vida
cuando podemos apreciar más las palabras de David:

> He aquí, don del Señor son los hijos;
> y recompensa es el fruto del vientre.
> Como flechas en la mano del guerrero,
> así son los hijos tenidos en la juventud.
> Bienaventurado el hombre que de ellos
> tiene llena su aljaba.
> (Salmo 127:3-5)

La muerte de nuestros padres no cancela nuestra
obligación de honrarlos. Lo que hacemos y el estilo de
vida que llevamos todavía los puede hacer quedar bien
y honrar su memoria. Podemos vivir de una manera
que exprese gratitud por lo que ellos fueron y lo que
recibimos de ellos.

Lo que los padres no pueden hacer

Uno de los resultados felices de haber pasado mi
vida en el aula es que tengo muchos amigos jóvenes
que nunca dejan de responder con entusiasmo y
buena voluntad cuando ven una necesidad real. ¿Qué
piensa de la siguiente idea? Una mañana de éstas voy
a colocar mi auto en la calle frente a mi casa, que está
cerca de la universidad, y cuando vea pasar a algunos
de estos muchachos los llamaré para decirles: "¿Será
que pueden ayudarme a empujar el auto?" ¿Usted
cree que me negarán el favor? Claro que no.

Entonces, cuando lo hayan empujado unos cien
metros y vea que están cansados, les diré: "Está bien.
Aprecio mucho el favor. Hasta aquí está bien. Gracias".
Cuando se hayan ido trataré de ver si puedo conseguir
que otros me hagan el mismo favor. Tal vez pueda
repetir esta estrategia dos o tres veces, pero seguramente

llegará el momento cuando alguien me preguntará:

—¿A dónde quisiera llegar, profe? ¿Quiere que lo empujemos hasta la gasolinera o a algún taller?

Entonces tendré que decirles la verdad.

—Aaah, bueno, es que . . . necesito llegar a Monterrey [ciudad que queda a 60 kilómetros de mi casa] y ustedes saben que últimamente está subiendo mucho el precio de la gasolina.

Ahora le pregunto: ¿Cree que mi plan tendrá éxito?

Como dije, la mayoría de los jóvenes que conozco son muy buenos. No son tipos malos ni delincuentes. Siempre están listos para bromear y reírse, y si alguien les da un empujoncito con respecto a la vida espiritual, ellos responden positivamente. Pero en algunos el buen impulso muy pronto se pierde y quedan otra vez bromeando y jugando y dejando pasar el tiempo; esperando, tal vez, que llegue alguien para darles otro impulso.

No me malentienda; a todos nos hace bien un consejo oportuno y una palabra de ánimo. Un "empujón" en el momento apropiado, puede ser todo lo que se necesita para que nos encaminemos bien. En algunos casos, esto puede incluir hasta una seria corrección o represión, pero tarde o temprano —y ojalá sea más bien temprano que tarde— deberemos arrancar nuestros propios motores, porque nadie va a empujarme hasta Monterrey, y tampoco nadie nos va a empujar hasta el Cielo y la vida eterna.

Ahora trate de imaginar otra escena: una mujer llega a la puerta del cielo y procura entrar sin ser observada.

—Espera un momento —dice el guardián—. ¿A dónde vas?

—¿Quién, yo? —dice la mujer. Se nota que por alguna razón está muy nerviosa—. Bueno, es que me dijeron que si lavo mis ropas en la sangre del Cordero, puedo entrar por las puertas de la ciudad (Apocalipsis 22:14).

—Sí, pero veo que traes algo, como un bulto ahí debajo del manto. ¿Qué es?

Con esto la pobre mujer se pone todavía más nerviosa. Parece que está a punto de llorar.

—Aaah, bueno . . . sólo es algo que quería traer conmigo.

—Pero ¿qué es?

Ahora las lágrimas empiezan a caer.

—Señor, es uno de mis hijos. Es que tengo tantos deseos de tenerlo aquí conmigo. Por favor, déjame entrar con él.

Ahora bien, si usted considera que esta ilustración es sólo humorística, entonces probablemente no comprende cómo anhelan los padres dar a sus hijos la cosa más preciosa que jamás podrían desearles, y cuánto dependen su felicidad y paz mental de ello. Sin embargo, esto no puede ser.

El profeta Ezequiel hace una comparación interesante. Dice que si Noé, Daniel y Job estuvieran vivos hoy, por su fidelidad no podrían salvar a nadie sino a ellos mismos (Ezequiel 14:20). Y es así porque la fe no es transferible.

A veces decimos que Dios no tiene nietos. Es verdad, y tampoco tiene yernos, ni sobrinos ni ninguna otra clase de parientes; sólo tiene hijos. Lo que quiere decir esto es que no podemos establecer una relación con Dios a través de otra persona, ni podemos entrar al cielo prendidos de sus faldas. Nuestros padres pueden haber sido personas muy buenas. Si es así, demos gracias a Dios; muchas personas no tienen ese privilegio. Pero tendremos que hacer algo más que admirarlos. Es necesario tomar nuestra propia decisión y aceptar personalmente el sacrificio de Cristo en nuestro favor, y establecer una relación con Dios por nosotros mismos. Necesitamos entrar personalmente en la disciplina espiritual de oración y fe, y experimentar el "lavamiento de la regeneración y de la renovación por el Espíritu Santo" (Tito 3:15).

La otra cara de la honra

Claro está que todo esto no disminuye la importancia de la labor de los padres ni los puede justificar si sienten que no tienen mucha responsabilidad por la manera en que tratan a sus hijos. Sería imposible considerar la actitud de los hijos hacia sus padres sin ver que es una moneda de dos caras, porque la interacción entre padres e hijos es profundamente recíproca. Cuando el apóstol Pablo habla del quinto mandamiento, aclara que el deber de los hijos de honrar a sus padres implica también un deber de los padres hacia sus hijos (Efesios 6:1-4; Colosenses 3:20, 21).

Ya hemos visto que la "honra" que los hijos deben a sus padres es una actitud de amor y respeto y no un acatamiento ciego de una voz de autoridad. La cuestión vital para los padres es: ¿Qué tipo de enseñanza y ejemplo puedo ofrecer y cuál es la interacción que puedo promover para facilitar esta reacción?

Un sistema de disciplina basado en la fuerza y el castigo claramente no es la respuesta. Una obediencia que no involucra la razón y la participación de una voluntad autónoma no es honra.

Si queremos ver en nuestros hijos una reacción que nace del corazón, de su propia inteligencia y buena voluntad, entonces, en la primera oportunidad (y en muchos casos antes de que nos sintamos completamente cómodos con la idea) debemos empezar a apelar a sus facultades superiores, recordando que nuestra meta no es el control, sino ayudarlos a tener una actitud de "honra".

Por supuesto, esto no significa que debemos renunciar de manera irresponsable a nuestra autoridad paternal cuando se trata de niños inexpertos e inmaduros. Sino que significa que desde una edad temprana empezaremos a buscar oportunidades en las que ellos puedan ejercer su libre voluntad y elegir entre alternativas. No preguntaremos a un niño de dos años si prefiere un jugo de naranja o una cerveza. Pero, si los buscamos, y posiblemente aun los creamos, habrá muchos puntos en los que ellos pueden empezar a ejercer el libre albedrío: Por ejemplo, "¿Prefieres tomar el jugo en el vaso azul o en el floreado?"

Y antes de dar una orden o prohibirles algo, y antes de decir: "Tienes que hacerlo a mi manera", nos preguntaremos: "¿Realmente es importante? ¿Qué tiene de malo? y ¿A quién va a perjudicar esto que mi hijo quiere hacer?"

Hace unos años estaba en boga una psicología popular conocida como "análisis transaccional", la cual enseñaba este antiguo principio de una manera nueva. Un aspecto fundamental de la teoría se resume en las letras "P – A – N", que significan "Padre – Adulto – Niño". La idea es que cada "transacción", cada intercambio entre dos personas, se puede clasificar en uno de estos tres niveles. Un "padre" corrige, instruye, ordena y reprende: "Recoge esa camisa y colócala en su lugar". Ésta, por supuesto, es una intervención de tipo "P" o "padre". La respuesta lógica y apropiada a estas palabras es una reacción "N" o de niño. "¡Ay, no! ¿Por qué tengo que hacer eso?" O tal vez, "Está bien, mamá. Lo haré".

Una intervención "A" o de adulto, es la que considera a la otra persona inteligente, dispuesta a hacer lo correcto y capaz de tomar una buena decisión. La respuesta natural a una intervención de adulto es una reacción de adulto.

Obviamente, la actitud de honra hacia los padres es una reacción de adulto; no es una obediencia ciega de sujeción a su autoridad. El deber de los padres impuesto por el quinto mandamiento significa que en la primera oportunidad, y frecuentemente, debemos promover una interacción de adultos con nuestros hijos.

Cuando mi hijo David tenía unos ocho años, debía salir cada mañana a las 8:30 en el transporte escolar. Descubrí que despertarlo a tiempo era una tarea monumental. Cada mañana entraba en su cuarto y le decía: — David, ya es hora. ¡Levántate!

Y su respuesta era algo que tendríamos que escribir así:

—Mmmmmmmmmmmmm.

Unos minutos después:

—¡David! ¿No me oíste? Ya es hora de levantarte.

— Mmmmmmmmmmmm.

Finalmente, ya muy molesto, le decía:

— Si no te levantas en este mismo instante, te voy a castigar.

Entonces, con los ojos entreabiertos, empezaba a moverse mientras yo trataba de quitarle su pijama y ponerle la ropa de escuela.

Yo había leído acerca de "P – A – N", pero obviamente no me había servido de mucho.

Finalmente, una mañana entré al cuarto de David y le dije:

—¿A qué hora te vas a levantar?

Sus ojos se abrieron por completo y me dijo:

—No sé. ¿Qué hora es?

—Ya son las siete y media —le dije.

—Está bien —respondió, y sin más, se sentó en la cama y empezó a quitarse su ropa de dormir.

Sería bonito decir que jamás volví a cometer el mismo error. Aunque no fue así, la experiencia sirvió para reforzar el principio: el mejor plan para ayudar a nuestros hijos a ser adultos responsables es darles responsabilidad, animándolos a tomar sus propias decisiones y enfrentar los resultados.

David tenía que estar listo cuando pasaba el transporte escolar para recogerlo. En el plan anterior, yo había convertido esto en mi problema. Al colocar el asunto en manos de él, lo estaba preparando para la vida en el mundo real. Y le estaba ayudando a guardar el quinto mandamiento porque la honra es, sobre todo, el ejercicio de una voluntad libre, una decisión racional y una actitud que resultará en relaciones buenas y agradables con nuestros padres, en primer término, y también con todas las demás personas con las que tratamos en la vida.

¿Significa esto que a veces permitiremos a los hijos una elección equivocada? En algunos casos no hay otra manera mejor en que ellos puedan aprender que cuando tienen que vivir con las consecuencias de una decisión equivocada. Y a medida que crezca el niño en criterio y madurez, debe haber un aumento correspondiente de su autonomía como también de responsabilidad.

El último beso

No recuerdo la primera vez que me besó mi madre. Sin duda lo hizo cuando yo estaba recién nacido, porque me dio muchos besos en mi infancia. No recuerdo ese primer beso, pero sí recuerdo el último.

Los años vuelan, y toda relación humana entraña momentos de estrés. Esto no es horrible ni vergonzoso, sino normal. Pero si tenemos en nuestro corazón el principio fundamental de honra, predominará el amor. Entonces, cuando lleguen los momentos de tensión, aun si hay heridas y malentendidos, pensemos en el último beso porque, con toda seguridad, vendrá. ¿Qué cosas quisiera recordar cuando se despida por última vez de sus padres?

Un amigo me contó que cuando su padre envejeció, la mente del anciano no siempre estaba lúcida. Sin embargo, cuando llegó el día de su cumpleaños mi amigo decidió llamar a su papá:

—Feliz cumpleaños, papá —le dijo—, y que Dios te bendiga.

Ese día los pensamientos del padre coordinaron bien, porque inmediatamente respondió:

—No, hijo, Dios te bendiga a ti, porque siempre me honraste.

Dos meses después, mi amigo estaba sepultando a su padre. ¡Qué hermosa consolación para él cuando podía recordar esas palabras!

Los funerales siempre son tristes, pero nunca he

visto más angustia y llanto que en las ocasiones cuando el dolor de la separación es hecho más profundo por el remordimiento.

Así que piense en esto, mientras todavía tiene la oportunidad, mientras todavía puede hacer algo que hará una diferencia. Piense en el último beso, porque, con toda seguridad, vendrá.

Honra a tu padre y a tu madre, porque al hacerlo tus días sobre la tierra no sólo serán prolongados, sino también serán llenos de felicidad, paz, y éxito.

HACIENDO LO IMPOSIBLE

El sexto mandamiento

No matarás.

—*Éxodo 20:13*

¡Pam!, ¡Pam!, ¡Pam! Se oyó de repente el disparo de tres o cuatro rifles. Los muchachos —malheridos ambos— saltaron al agua y trataron de nadar río abajo mientras los hombres corrían a lo largo de la ribera disparando contra ellos y gritando: '¡Mátenlos! ¡Mátenlos!'

"Sentí náuseas . . . ojalá no hubiera llegado esa noche para ver semejantes cosas".[1]

Lo anterior es tomado de un relato del famoso autor norteamericano Samuel Clemens en el que describe la muerte de dos jóvenes como parte de una guerra o duelo entre dos familias. El incidente, en este caso, es ficticio, pero en 1884, cuando Clemens lo escribió, duelos como éste eran comunes, especialmente en el sur de los Estados Unidos donde clanes rivales lucharon entre sí con sangrienta intensidad hasta principios del siglo XX.

Clemens, en la voz de uno de sus personajes, lo explica así: "Un hombre tiene pleito con otro y lo mata; entonces el hermano de ése lo mata a él; después los demás hermanos de ambas partes se van unos contra otros, y luego se involucran los primos, hasta que por fin todos están muertos y se acaba la pelea. Pero el proceso es algo tardado y toma mucho tiempo".[2]

El más famoso de estos duelos interfamiliares fue

la larga guerra desatada entre los Hatfield y los McCoy, clanes rivales que vivían en lados opuestos del río que divide Kentucky y Virginia Occidental. El problema empezó en 1878 a raíz de un desacuerdo sobre dos puercos monteses. En su momento más álgido, grupos de 50 o más hombres armados cruzaban el río para lanzar ataques unos contra otros. En 1896, cuando tuvo lugar el último homicidio, ambas familias habían quedado casi exterminadas.

¿Sabe por qué me gusta este ejemplo de la manera en que se puede quebrantar el sexto mandamiento? Sin duda es porque no me afecta. En mi vida jamás he hecho algo que se parezca a eso. Nunca he andado arrastrándome por el monte buscando a alguien para matarlo. Así que no me siento aludido.

Bueno, . . . sí, tendría que admitir que algo por el estilo pasó por mi mente el otro día cuando fui a la tienda Walmart. El estacionamiento estaba completamente lleno. Fui de un lado a otro buscando dónde dejar el auto. Por fin apareció un espacio allá cerca del final de la hilera, y rápidamente me dirigí hacia él. Pero, ¿qué cree? Cuando estaba a punto de llegar, apareció un tipo desconsiderado y ¡pum! se metió. ¡Ja! Por unos segundos cruzó por mi mente la idea de lanzarme como Tarzán y agarrarlo por el cuello. Pero, por supuesto, en realidad no lo hice. Así que eso no cuenta, ¿verdad?

Un tigre por dentro

En mi casa tenemos una gatita que es tan dulce y cariñosa como ella sola. Apenas uno se sienta por un momento, ella llega y le hace cariños y se echa a su lado con su motorcito andando. Si usted alguna vez ha tenido un amigo felino, sabe lo agradable que es eso.

Pero quiero hacerle una pregunta: ¿Cuál es la diferencia entre un gato y un tigre? La respuesta es simple. Es su tamaño. Sí, eso es todo.

Su gato, igual que la mía —sí, me refiero a ese

gatito tan tierno y dulce— tiene corazón de tigre, el cerebro y todos los instintos de un tigre, y es igual de cruel e implacable. Si yo estuviera más pequeño y ella más grande, me buscaría por la misma razón que ahora le fascina observar los gorriones que se paran en el barandal de nuestra casa.

Cuando Jesús habló del sexto mandamiento, dijo:

—Tu tamaño no importa; si tienes mente y corazón de tigre, eres un tigre.

Textualmente dijo:

"Habéis oído que se dijo a los antepasados:
  'No matarás' . . .

Pero yo os digo que todo aquel que esté enojado con su hermano
será culpable ante la corte;
Y cualquiera que diga: '¡Inútil!' a su hermano,
será culpable delante de la corte suprema;
Y cualquiera que diga: 'Idiota',
será reo del infierno de fuego" (Mateo 5:21,22).

¿Qué quiere decir esto? Que cuando alguien le hace algo, si usted no se domina, si da rienda suelta a sus emociones, entonces la única diferencia entre usted y los Hatfield y los McCoy es su tamaño. Porque si hubiera vivido cuando vivieron ellos, y en el mismo lugar, entonces hubiera hecho exactamente lo que hicieron ellos.

La solución del problema

Por supuesto, todos sabemos cuál es la solución de los problemas de relaciones humanas: si la gente nos trata bien, no tendremos problemas para tratarla bien nosotros. Pero Jesús dijo: "Hasta los gentiles hacen eso" (Mateo 5:47). De modo que aquí la pregunta más importante es: ¿Soy capaz de tratar con bondad a una persona que me ha tratado mal? ¿Puedo amar de corazón a alguien que me ha lastimado y perjudicado?

No es fácil. De hecho, algunas personas creen que las palabras que pronunció Jesús sobre este tema son un ejemplo que raya en el extremo, y que no las dijo con la intención de que fueran obedecidas en forma literal. En una ocasión escuché un diálogo acerca de este tema, y casi todos los que hablaron dijeron que estas enseñanzas no son para gente como nosotros que vive en un mundo real.

La única manera

No estoy de acuerdo con esta opinión. Existen por lo menos tres razones poderosas para afirmar que esta enseñanza de Jesús no es, de ninguna manera, una hipérbole o exageración de términos y que, en realidad, es la única forma práctica y razonable de vivir:

1. Es la única manera de romper la cadena. El plan de Jesús es mejor porque la alternativa es un terrible efecto dominó, una interminable reacción en cadena de represalias y desquites. "Ojo por ojo" es una receta para el desastre porque la violencia no puede ser curada con más violencia.[3] Los Hatfield y los McCoy necesitaron más de 20 años para comprender esto. Y parece que los israelíes y los palestinos han necesitado aún más que eso.

Nos preguntamos por qué esta gente se ha tardado tanto en descubrir la verdad, pero el principio que estamos considerando tiene que ver no sólo con pleitos familiares y terroristas suicidas; también es cierto en relación con la "mini-violencia", esos machetazos verbales que nos damos casi todos de vez en cuando. Alguien tiene que tomar la decisión deliberada de romper el círculo vicioso, de tragarse el orgullo y pasar por alto la ofensa. Y Jesús está diciendo a sus seguidores que debemos ser ese "alguien".[4]

Un amigo mío que es consejero matrimonial dice que algunos de los pleitos más destructivos empiezan por asuntos triviales:

—Si fueras más organizada, podrías decirme dónde están las llaves.

—¡Ay, no me digas que las volviste a perder!

¡Y ahí van! Ninguno de los dos está dispuesto a romper la cadena, así que la situación muy pronto se sale de control. El apóstol Santiago se refería precisamente a eso cuando escribió: "Mirad, ¡qué gran bosque se incendia con tan pequeño fuego!" (Santiago 3:5).

La agresividad pasiva expresada con dejar de hablarse, dar la espalda a alguien o hacerle mala cara, no es menos dañina que gritar. No importa la forma en que lo hagamos, una conducta dura y carente de bondad resultará inevitablemente en más de lo mismo.

2. *Es la única manera de poder mantener el control de la situación.* Cuando respondemos a un acto negativo con enojo, odio y deseos de venganza, estamos entregando un dispositivo de control remoto a otra persona. Estamos dándole el privilegio de apretar los botones para determinar nuestros sentimientos y reacciones. Jesús quiere librarnos de esta tiranía y devolvernos nuestra autonomía junto con la paz mental.

Hasta que tomemos la decisión bastante difícil de hacer esto, no estaremos actuando sino sólo reaccionando. La conducta reactiva (comparada con la activa) nos coloca bajo el dominio de la gente cruel y desconsiderada que nos ha tratado mal. El método de Jesús nos permite decir a estos individuos: "No voy a dejar que tú me impongas un espíritu de odio. No estoy dispuesto a permitir que amargues mi vida. No quiero pasar mis días dominado por el disgusto y el enojo".

En la mayoría de los casos, la conducta reactiva es motivada por un deseo de ver quién puede más. Significa que queremos controlar y dominar a la otra persona. "Me portaré mal contigo, quizás haciéndote algo, o con una actitud de frialdad. Así voy a castigarte por algo que no me gusta y obligarte a tener una conducta que me agrada".

Por otro lado, que un cristiano manifieste una conducta proactiva y establezca límites a lo que está dispuesto a tolerar, no tiene nada que ver con el odio o la venganza y mucho menos con el deseo de dominio.

No es un intento de controlar a la otra persona, sino de establecer el control sobre su propia vida. No es una declaración de independencia, sino de autonomía. La independencia equivale al aislamiento y a dar la espalda a otra persona, lo cual en sí puede ser una conducta reactiva. En cambio, la autonomía reconoce el valor de la interdependencia. No rechaza una relación en la que podemos ayudarnos mutuamente y servir a otra persona, pero exige respeto por el derecho dado por Dios de gobernar nuestra propia vida.

Una conducta proactiva en las relaciones humanas significa más que dejar de odiar. Implica reemplazar el odio por el amor. Jesús dijo:

> "Amad a vuestros enemigos;
>> Haced bien a los que os aborrecen;
> Bendecid a los que os maldicen;
>> Orad por los que os vituperan"
>>> (Lucas 6:27, 28).

Cuando el apóstol Pablo trata este mismo tema, lo expresa en términos prácticos:

> "Si tu enemigo tiene hambre, dale de comer;
>> y si tiene sed, dale de beber,
>> porque haciendo esto,
>>> carbones encendidos amontonarás sobre su
>>> cabeza.
> No seas vencido por el mal,
>> sino vence con el bien el mal"
>>> (Romanos 12:20, 21).

Amar realmente a nuestros enemigos y hacer bien a los que nos han tratado mal es la expresión más noble de una conducta cristiana positiva. Y nos coloca en una posición de poder, porque significa que estamos rehusando participar en su jueguito y descender a su nivel. En vez de ser vencidos estamos venciendo.

3. Es la única manera de actuar con sentido de responsabilidad. Al decir que no debemos permitir que nuestros enemigos controlen nuestras emociones y determinen nuestra conducta y actitudes, Jesús nos está recordando, una vez más, de nuestra responsabilidad. Si devolvemos ira por ira, maldad por maltrato, es por nuestra propia decisión de hacerlo.

Nos gusta justificar una conducta reactiva echando la culpa a otras personas: "Estoy actuando así por . . .". Tal vez es "por el vecino que me trató mal", "por mi abuelita (ella me heredó este mal genio que tengo)", o por lo que sea.

Un hombre que yo conocía se involucró en un conflicto familiar que estaba arruinando muchas vidas. Lo admiraba por el éxito que había alcanzado como líder cristiano y no podía comprender cómo era posible aquello. Cuando le pregunté, me dijo con vehemencia: "¡Hay que ver lo que nos han hecho!" Desde que Adán echó la culpa a Eva (Génesis 3:12), la gente ha estado respondiendo de esta manera.

Así como no pudimos escoger a nuestros padres ni determinar la manera en que ellos nos educaran, en la mayoría de los casos, tampoco podemos elegir a nuestros vecinos o compañeros de trabajo o estudio. Las circunstancias de la vida nos ponen en contacto con estas personas, querámoslo o no. Al hacernos responsables de nuestras reacciones, Jesús quiere que actuemos como adultos y dejemos de justificar nuestra mala conducta señalando la de otros.

Dos palabras que hacen la diferencia

Hay una parte de la Regla de Oro que casi siempre pasamos por alto. Es la expresión "por eso". Estas palabras hacen la diferencia. ¿Por qué? Porque esta expresión nos conecta con la fuente de poder que ilumina la Regla y la hace funcionar.

Aquí está la Regla junto con el versículo anterior: "Si vosotros, siendo malos, sabéis dar buenas dádivas a vuestros hijos, ¿cuánto más vuestro Padre que está en los cielos dará cosas buenas a los que le piden? *Por eso,* todo cuanto queráis que os hagan los hombres, así también haced vosotros con ellos" (Mateo 7:11,12).

¿Por qué debemos tratar bien a las demás personas? Este pasaje nos aclara la razón: es porque Dios nos trata bien a nosotros. ¿Por qué nuestra conducta hacia otros no debe depender de la forma como ellos se han portado con nosotros? Porque Dios nos ha tratado mucho mejor que lo que merecemos, derramando su amor en nuestros corazones (Romanos 5:5). "Así como Cristo os perdonó —dice el apóstol—, así también hacedlo vosotros" (Colosenses 3:13).

Los cristianos a veces empleamos el término "justificación por fe". De esto precisamente estamos hablando aquí. Este término, que a lo mejor suena como algo complicado, en realidad es muy sencillo. Significa que Dios, a través de Jesucristo, nos ha abierto la puerta al perdón, de modo que podemos ser perdonados sin merecerlo. Por este maravilloso regalo todos los demás dones de Dios son derramados en nuestra vida. Cuando por fin llegamos a comprender y a aceptar esta verdad, se apoderan de nosotros sentimientos inexpresables de gozo y "la paz de Dios que sobrepasa todo entendimiento" (Filipenses 4:7).

Esto no es simplemente una teoría o una idea bonita. Es completamente real y es lo que hace posible para nosotros perdonar de una manera profunda e incondicional a las personas que nos han lastimado, ser bondadosos sin tener un motivo egoísta y amar sencilla y sinceramente a las demás personas.

Uno de los libros de mayor venta en el siglo XX fue *Cómo ganar amigos* de Dale Carnegie.[5] Es un manual de relaciones humanas basado en principios de egoísmo y manipulación. Su mensaje es: Hay que tratar bien a la gente, felicitarla y hacerla sentir bien, porque si lo haces te va a dar lo que quieres y te ayudará a avanzar en la vida. Lo más que podemos esperar como re-

sultado de esta filosofía es ocultar o disimular parcial-
mente nuestras reacciones que son por naturaleza egoístas, revistiéndolas con un simulacro de cortesía. Pero,
esperemos a que alguien nos haga algo serio, y todas
esas estrategias explotarán en nuestra cara y verá cuán
rápido nos convertimos nuevamente en tigres.

El verdadero perdón es posible sólo y exclusivamente cuando estamos conscientes de la profundidad
del perdón que hemos recibido. Cuando realmente
reconocemos que somos pecadores perdonados por la
gracia infinita de Dios, nuestra arrogancia contra los
que nos han ofendido desaparecerá y empezaremos a
verlos como compañeros de viaje, como gente que,
igual que nosotros, lucha contra el poder de una naturaleza caída. Entonces el verdadero perdón puede
empezar a fluir. No hay otra manera.

El verdadero amor es un don de Dios

El amor es paciente,
   es bondadoso,
      no tiene envidia;
El amor no es jactancioso,
   no es arrogante;
      no se porta indecorosamente;
El amor no busca lo suyo,
   no se irrita,
      no toma en cuenta el mal recibido;
El amor no se regocija de la injusticia,
   sino que se alegra con la verdad;
El amor todo lo sufre,
   todo lo cree,
      todo lo espera,
         todo lo soporta (1 Corintios 13:4-7).
El amor genuino y verdadero es un don de Dios.

---

[1] Samuel Clemens, *The Adventures of Huckleberry Finn*
(Copyright, Samuel L. Clemens, 1884), p. 153.

[2] Clemens, p. 144.

[3] "Ojo por ojo sólo resulta en dejar ciego al mundo" (Mahatma Gandhi).

[4] "Pero yo os digo: no resistáis al que es malo; antes, a cualquiera que te abofetee en la mejilla derecha, vuélvele también la otra" (Mateo 5:39). "La suave respuesta aparta el furor, mas la palabra hiriente hace subir la ira" (Proverbios 15:1).

[5] Dale Carnegie, *How to Win Friends and Influence People* (New York: Simon and Schuster, 1936).

PEGAMENTO PARA EL ALMA

El séptimo mandamiento

No cometerás adulterio.
—Éxodo 20:13

No sé cuál será el reloj más bonito del mundo según la apreciación de los expertos, pero en mi mente no existe la más mínima duda en cuanto a esto. Era el que siempre llevaba mi abuelito en un bolsillo especial de su chaleco. Hecho de oro, tenía por un lado una finísima bisagra que permitía abrir la tapa de atrás. Siempre me emocionaba cuando abuelito la abría y me enseñaba el mecanismo cuyo "tic, tic, tic" marcaba el avance de las manecillas. Había otras pequeñas ruedas y engranes que giraban sobre sus cojinetes de diamante y un resorte al que el abuelo daba cuerda cada noche antes de acostarse. Ese reloj se había hecho parte de su ser, a tal grado que parecía imposible imaginarlo sin él.

Cuando yo tenía unos seis años de edad, nuestra familia decidió pasar un fin de semana con mis abuelitos. Desperté el domingo muy temprano. Mis papás dormían todavía, pero desde la cocina se oía un suave murmullo de voces, así que me dirigí a ese lugar y allí encontré a los abuelitos tomando su desayuno de avena cubierta de puré de manzana y crema. Después de darme el abrazo de buenos días, colocaron otro plato en la mesa, y me senté a desayunar con ellos. Mi abuelito traía el chaleco desabotonado esa mañana, pero ahí estaba la cadena del reloj que se perdía en el bolsillo como de costumbre.

Con los codos en la mesa y mi barbilla reposando sobre mis manos, lo miré y compartí con él una idea maravillosa que acababa de ocurrírseme:

—Abuelito, cuando te mueras —le dije—, ¿me dejarás tu reloj?

No recuerdo si me sonrió al responder, pero sí recuerdo sus palabras:

—De acuerdo —dijo—, cuando yo muera el reloj será tuyo.

¡Qué emoción! No había palabras para describir mi felicidad. Creo que ni terminé de desayunar antes de bajar de la mesa y correr para dar la noticia maravillosa a mi mamá. Para mi gran asombro, ella se mostró horrorizada.

—¡No me digas que le pediste su reloj! —dijo.

Me encogí ante sus palabras. En un instante, desapareció por completo la felicidad que había sentido. El tono de la voz de mi mamá me hizo comprender que yo había hecho algo realmente terrible.

—¿No entiendes que con eso estás diciéndole a tu abuelo que quieres que se muera para que puedas tener su reloj?

Me sentí muy avergonzado y, por supuesto, jamás volví a mencionar el reloj en presencia de mi abuelito, pero él no lo olvidó. Dos años después, justo antes de morir, dijo a mi mamá:

—Recuerda, Zoila, mi reloj es para Loron.

Después de su muerte, mamá me mostró el reloj y, entonces, lo guardó en una cajita metálica que ella mantenía en un estante bien alto en el armario. Al correr los años, de vez en cuando me permitía sacar el reloj para limpiarlo y darle cuerda antes de guardarlo nuevamente en la cajita. Siempre sentía un gran gozo al verlo y recordar el amor que representaba y los hermosos recuerdos de mi abuelo.

Un día, cuando yo tenía como catorce años, en vez de colocar el reloj nuevamente en la cajita, lo puse en mi bolsillo y le dije a mi mamá:

—Ya tengo la edad suficiente para cuidarlo.

Por un largo tiempo guardó silencio; luego dijo:

—Creo que no es una buena idea, pero tú decides.

A la mañana siguiente el reloj del abuelo fue conmigo a la escuela en el bolsillo delantero de mi pantalón de mezclilla. Durante la primera parte de la mañana, por alguna razón, me veía en la necesidad de mirar la hora aproximadamente cada diez minutos. ¡Qué sensación maravillosa! ¡Y pensar que yo era el único muchacho del salón con un reloj de oro! Noté que los compañeros me observaban de reojo y supuse que a la hora del recreo se juntarían para admirar mi reloj, pero no sucedió así. Como de costumbre, cuando sonó el timbre todos corrieron hacia la puerta agarrando sus guantes.

Yo había olvidado que cuando suspendimos el partido el viernes, a nuestro equipo le tocaba el turno del bateo. En cuestión de más o menos 35 segundos, todos ya estaban en sus lugares y gritando: "¡Listos! ¡A jugar!"

Primero a "Buzzy" Stevens lo hicieron "out". Entonces siguió Larry Fields, quien logró mandar la pelota muy lejos, con lo que pudo llegar hasta la segunda base. A continuación me tocaba a mí. Mi fama de ser el jugador más inútil del grado quedó seriamente dañada cuando conecté con la bola y la mandé en un gran arco por el aire. Para cuando la había recogido Glenn Hansen, y la había tirado a su hermano Calvin, Larry había llegado al "home" y yo ya estaba acercándome a la segunda base. Con un salto heroico barrí el suelo y logré tocar la base una décima de segundo antes de que la bola alcanzara el guante de Calvin.

¡Qué emoción! Toda la muchachada gritaba histéricamente. Fue uno de esos momentos inolvidables de la vida, especialmente para alguien que tenía una fama como yo. Me paré, sintiéndome por lo menos dos centímetros más alto que antes, y empecé a sacudir el polvo de mis pantalones. Eso estaba haciendo, cuando mi mano rozó con un objeto duro y redondo que estaba en el bolsillo derecho delantero. Y en el mismo instante me percaté de que el "objeto" estaba torcido y deforme.

¡Oh no. . . no podía creerlo! Pero era verdad. Todavía siento horror al recordar ese momento.

Sabía entonces, y estaba seguro de que yo era el muchacho más torpe del mundo. A los 14 años no sabía mucho acerca del valor de un reloj de oro, pero sí sabía cuánto había amado a mi abuelito, y él me lo había confiado.

En ese terrible momento pude comprobar una gran verdad: que en cuestión de segundos se puede hacer algo que uno pasará años —o tal vez, el resto de la vida— lamentando.

De eso se trata el séptimo mandamiento. De algo que es frágil y precioso, y muy, muy difícil, en algunos casos imposible, su reparación.

Claro, no faltará gente que rechace esta idea. El otro día cierta actriz se ufanaba de sus opiniones en un programa popular de televisión. Ya había mencionado como media docena de personajes famosos con los que se había acostado antes de que yo pudiera encontrar el control remoto para cambiar el canal.

Para los que comparten este punto de vista, ha ocurrido una maravillosa "revolución", una "liberación", y se ha abierto la puerta a la alegría y al placer sin límites.

Pero se equivocan; y no lo digo simplemente porque alguien publicó un decreto para arruinarles la fiesta. Se equivocan porque el séptimo mandamiento expresa una ley muy fundamental de la vida, una ley que está escrita de manera indeleble sobre nuestra mente y corazón. Y no lo podemos quebrantar sin violar algo que está muy dentro de nosotros.

Uno de los pasajes más famosos de la Biblia nos ayuda a entender la razón de esto. Digo "famoso" porque hasta la gente que no ha abierto jamás la Biblia ha oído de Génesis 2:22, 23. Desafortunadamente, se repite muchas veces en son de broma, pero si podemos dejar a un lado esto, y tratar el pasaje con el respeto que se merece, descubriremos que tiene un significado profundo. Dice:

"Entonces el Señor Dios hizo caer un sueño profundo sobre el hombre, y éste se durmió; y Dios tomó una de sus costillas, y cerró la carne en ese lugar. Y de la costilla que el Señor Dios había tomado del hombre, formó una mujer y la trajo al hombre".

Las primeras palabras de Adán, cuando reconoció a esta hermosa criatura que se le acercaba, revelan que había entendido cabalmente el significado de lo ocurrido. Con profunda emoción, exclamó: "Ésta es ahora hueso de mis huesos, y carne de mi carne" (vers. 23)

Está claro que el gozo de Adán tenía que ver con el inicio de la relación sexual, porque el relato continúa diciendo:

"Por tanto —es decir, por esta razón: porque la mujer fue tomada del cuerpo del hombre, porque ella es hueso de sus huesos y carne de su carne— el hombre dejará a su padre y a su madre y se unirá a su mujer, y serán una sola carne" (vers. 24). El acto de volver a ser una carne está relacionado con el hecho de que originalmente fueron una carne. En el diseño de Dios, a través de la relación sexual, la carne se une a la carne y el espíritu al espíritu.

Los psicólogos emplean un término que describe el concepto enseñado en Génesis 2:22-24. Es "identificación". Identificarse, en este sentido, significa que, de alguna manera misteriosa, llegamos a compartir la identidad de la otra persona. Es como si, en efecto, llegáramos a ser esa persona. La "identificación" nos permite ver el mundo a través de sus ojos, experimentar su gozo y su dolor. Es este fenómeno el que nos hace llorar al ver una película triste. Lloramos porque el actor nos ha llevado a identificarnos con el personaje del drama a tal grado que hacemos nuestra su pérdida.

Cuando Adán vio a esta hermosa criatura que ahora se le acercaba, ocurrió en él un poderoso acto de identificación. Ella era parte de él mismo; había venido de su propio cuerpo. Ésta es la razón del increíble impacto que produjo esta experiencia en él. Exclamó: "¡Ésta es hueso de mis huesos, y carne de mi carne!" Entonces, nada más natural ni más maravilloso para él que tomarla en sus brazos, sentir su cuerpo contra el suyo y compartir con ella el intenso placer que Dios diseñó fuera parte de su feliz re-unión.

Dios creó y diseñó la unión sexual para que fuera un instrumento poderoso de identificación y unificación. Dicho de otra manera, la unión de cuerpo con cuerpo es pegamento para unir también alma con alma.

Ésta es más que una bonita teoría. La ciencia ha descubierto poderosas sustancias llamadas feromonas que son liberadas durante el acto sexual. Éstas trabajan en la psiquis para fortalecer la vinculación de la pareja. Además, hay otra hormona llamada oxitocina que opera directamente sobre el cerebro para fortalecer la relación e identificación, y ésta fluye más durante la excitación sexual. Éstas son evidencias de que Dios ha dispuesto que el aspecto físico de la relación sea parte de la intimidad total del corazón y la mente que es el matrimonio.

El apóstol Pablo también habla de la función del sexo para unificar a la pareja, y dice que esto funciona aun cuando no tengamos tal intención. El resultado es que —al contrario de lo que quisieran creer algunas personas— no es posible tener sexo como perros y gatos, hacerlo simplemente y marcharse, creyendo que no ha pasado nada.

"¿No sabéis que el que se une a una ramera es un cuerpo con ella? —nos pregunta el apóstol—. Porque la Escritura dice: 'Los dos vendrán a ser una sola carne'" (1 Corintios 6:16). Puede vestirse y salir del lugar del pecado, pero algo ha ocurrido. La unión de cuerpos ha producido un entrelazamiento psíquico, se ha tejido una malla que después, de una u otra manera, los enredará.

Jesús también se refirió a esta función del sexo para ligar. Dijo: "¿No habéis leído que aquel que los creó, desde el principio los hizo varón y hembra, y añadió: 'Por esta razón el hombre dejará a su padre y a su madre, y se unirá a su mujer; y los dos serán una sola carne'? Por consiguiente, ya no son dos, sino una sola carne. Por tanto, lo que Dios ha unido, ningún hombre lo separe" (Mateo 19:4-6).

Con esto el Señor está diciendo que la relación sexual es un agente poderoso, diseñado por Dios para que la unión de dos vidas sea fuerte y permanente. Es la forma como el Cielo ha ligado los corazones, por lo cual no pueden posteriormente ser separados sin dañar seriamente a ambos.

Sexo seguro

Una de las expresiones usadas por los que promueven la revolución sexual es "sexo seguro". Este término ha llevado a millones de personas a creer que realmente puede haber seguridad en un estilo de vida libertino. Se refiere a la idea de que los condones o preservativos pueden evitar el contagio de enfermedades venéreas. Sin duda, ayudan en este sentido, aunque la protección que ofrecen reduce, pero de ninguna manera elimina el peligro. Además, esta expresión ha creado un mito basado en la idea de que la enfermedad es la única consecuencia indeseable de esta clase de conducta. Esto de ninguna manera es cierto; las consecuencias de violar el séptimo mandamiento son múltiples y por demás complejas.

Parte de este mismo mito es la idea de que "hay que probar el auto antes de comprarlo". Se refiere al plan de juntarse "así nomás", de convivir sin el beneficio de un documento legal, creyendo que así se puede verificar si hay compatibilidad antes de asumir el compromiso formal del matrimonio. Parece lógico,

¿no es cierto? Debe ser una manera de lograr el matrimonio perfecto.

Pero la realidad es muy distinta. Se ha comprobado que las parejas que empezaron su matrimonio de esta manera tienen dos veces mayor probabilidad de divorciarse en los primeros diez años que el promedio de todos los matrimonios.[1]

Además, un estudio reciente ha revelado que entre las parejas que están viviendo en unión libre hay una incidencia de agresión física tres veces mayor que entre las parejas de casados,[2] y la incidencia de violencia severa es casi cinco veces mayor.[3] Entre más activos sexualmente antes del matrimonio, más probable es que uno de los esposos traicione al otro cuando ya estén casados.[4] No sorprende, pues, descubrir que las mujeres que viven con su pareja sin casarse reportan una incidencia de depresión muchísimo más alta que las casadas,[5] y mucho menos satisfacción en la relación sexual.[6]

El mito de que puede haber "sexo seguro" se desmiente, además, por la explosión actual de enfermedades de transmisión sexual (ETS). Varios estudios científicos han revelado que en 15 a 31 porciento de los casos el condón no logra evitar la infección del VIH —el virus que causa el SIDA.[7] No es sorprendente, entonces, descubrir que aun cuando el uso de preservativos ha aumentado durante los últimos 25 años, ha habido una explosión de nuevos casos y nuevas variedades de ETS.[8]

En la década de los sesenta, antes del inicio de la "revolución sexual", las ETS más comunes eran la sífilis y la gonorrea, y se creía que éstas estaban desapareciendo gracias al uso de antibióticos. Hoy, hay más de 20 ETS comunes, y cada año sólo en los Estados Unidos aparecen más de 15 millones de nuevos casos. Dos terceras partes de los nuevos casos ocurren en personas menores de 26 años,[9] y cada año 3 millones de adolescentes de entre 14 y 19 años están siendo infectados.[10]

Otra de las consecuencias terribles de la revolución sexual es la clamidiasis, que es la causa principal de esterilidad; eso sin mencionar que la enfermedad sexual más común es la causada por el virus del papiloma humano, y que no hay cura para las enfermedades virales como ésta y como el herpes y el virus de la inmunodeficiencia humana, que produce el SIDA.[11]

No hay país o zona del mundo que no haya sido azotado por la epidemia. En Estados Unidos el SIDA ha llegado a ser la causa principal de muerte entre las personas de 25 a 44 años de edad, aunque alrededor de 95% de los casos se dan en los países en desarrollo. El continente más infectado del mundo es África, donde Zambia y otros países circunvecinos reportan una incidencia del VIH que ya supera el 37% de la población adulta. Miles de huérfanos a causa del SIDA viven en las calles de todas las grandes ciudades del continente.

Pero repetir simplemente estos números de ninguna manera nos da un cuadro adecuado de lo que significa la devastación real y personal causada por estas terribles enfermedades. El sidoso sufre de dolores agudos en cada coyuntura, dificultad para respirar, manchas en la piel y largos meses de náuseas, diarrea y delirios mentales. Es una muerte en vida, un sufrimiento atroz mientras el cuerpo se va desgastando.

¿Qué en cuanto a los niños?

Un resultado aún más triste de la revolución sexual es el rápido aumento del número de niños que están siendo criados por madres solteras. Los niños que crecen sin la presencia de un padre varón tienen mucho mayor probabilidad de sufrir abuso sexual, repetir grados, ser expulsados, y finalmente abandonar la escuela. Además, es mucho más probable que lleguen a usar marihuana, cocaína y tabaco, que vayan a la cárcel, sean arrestados por portar armas y tengan serios problemas emocionales, sufran depresiones y, al fin, se quiten la vida.

Éstos son algunos de los resultados más obvios que ha producido la así llamada "liberación" sexual. Es verdad que ha habido un cambio radical en las normas morales de muchas personas, pero decir que esto constituye una liberación y promoverlo como un gran avance o mejoría equivale a jactarse de que tenemos libertad de fumar tabaco. Y por cierto que el número de personas que mueren cada día como resultado de la revolución sexual es mayor incluso que el número de los que mueren como consecuencia del tabaquismo.

Logrando el dominio

El Señor Jesucristo dijo que el adulterio comienza donde termina: en el corazón. "Habéis oído que se dijo: 'No cometerás adulterio.' Pero yo os digo que todo el que mire a una mujer para codiciarla ya cometió adulterio con ella en su corazón" (Mateo 5:27, 28).

Con esto estaba reconociendo que el impulso sexual empieza en la mente y que ésta, a su vez, es estimulada a través de los sentidos, mirando "a una mujer para codiciarla". El sexo mental, el dar rienda suelta a fantasías sexuales, puede parecer un pasatiempo inocente, pero en realidad no lo es. Contemplar escenas o cuadros que despiertan el deseo sexual y escuchar o leer historias acerca del sexo sirven como poderosos estimulantes de estas fantasías. Es ahí donde debe empezar la batalla para lograr la pureza y el dominio propio.

Es común hablar de la contaminación del medio ambiente por parte de la industria. Pero existe otra clase de contaminación que también está muy generalizada. Se trata de la contaminación de nuestro entorno por imágenes sexuales que aparecen en la propaganda comercial, en la prensa, la televisión, el cine y por donde uno mire.

Hoy en día hay un debate público acerca de la educación sexual. Algunos dicen que debemos decir a los jóvenes que el único camino seguro es la abstinencia: "Sólo di No". Los oponentes a este plan dicen que la idea simplemente no funciona; no importa cuántas veces les digamos eso, de todas maneras lo van a hacer.

Ambos grupos tienen razón. Claro está que los jóvenes no van a poder abstenerse si eso es lo único que les decimos. ¿Cómo pueden hacerlo, si están siendo bombardeados día y noche por imágenes eróticas y propaganda sexual en los medios de comunicación masiva? Debemos decirles —y dejemos de hablar de "ellos", pues todos necesitamos esto— que la victoria empieza donde Jesús dijo: en nuestra mente. Si nos dejamos llevar al borde del precipicio vez tras vez, si nuestro plan de defensa es detenernos cuando estamos a punto de caer, por supuesto, será imposible.

Aquí es donde entra en juego el poder de la decisión personal. Los que preparan anuncios comerciales pueden colocar en alto sus cuadros estimulantes, pero no nos pueden obligar a seguir mirando ni a comprar sus productos; los compositores y artistas pueden incluir palabras obscenas en sus canciones, pero no nos pueden obligar a escucharlas ni prestar atención a su mensaje. Nadie nos puede forzar, contra nuestra voluntad, a seguir viendo un video o un programa obsceno en la televisión una vez que hayamos descubierto de qué se trata, ni de seguir siendo amigos de personas que insisten en presionarnos con sus falsos valores y en jactarse de sus conquistas y aventuras.

Un día nos encontrábamos encima de "El Peñol", un enorme macizo de arenisca que se alza abruptamente 75 metros (la altura de un edificio de 25 pisos) por encima de los campos de Antioquia, Colombia. Con unas amistades habíamos subido por las 649 gradas para alcanzar la cima.

Para nuestra gran sorpresa, allá arriba no había vallas ni letreros que advirtieran contra el peligro de caer. Platicamos con el guardia, y nos dijo que había estado en ese trabajo por más de 20 años.

—En todos esos años —le pregunté—, ¿no ha

sucedido que alguien haya muerto al desplomarse por el precipicio?

—Sí —dijo—, más o menos treinta personas, aparte de unos pocos que pudimos rescatar.

—¡Treinta personas! —quedé estupefacto—. ¿Éstas fueron personas que querían quitarse la vida o cayeron por accidente?

—No lo sé —respondió—, porque después no les pudimos preguntar.

El hombre parecía creer que su respuesta era divertida.

Después de conversar un rato más con él, nos encaminamos a observar un poco más el escenario. El área relativamente plana en la cima de la roca es de más o menos media hectárea. Llama la atención que no termina en un precipicio abrupto, sino que tiene un declive muy gradual. En realidad, al principio no parece ser tan peligroso.

Mientras observaba esto, me puse a pensar que sería interesante experimentar un poco para ver cuán cerca de la orilla puede uno llegar. Desde esa altura se puede ver muy lejos en todas direcciones, pero sería emocionante mirar directamente hacia abajo, ¿no le parece?

Así que, me voy a acercar sólo un poquito más a la orilla. Bueno, ya lo hice, pero, todavía no veo muy bien. No te preocupes, mamá, no tengo la intención de caerme. Sólo quiero acercarme un poco más y. . .

No hay letreros o avisos de peligro encima de El Peñol. Pero me alegro mucho porque Jesús nos dejó una advertencia muy clara en su explicación del séptimo mandamiento. ¡Ni te acerques! —dijo—. *Decide por ti mismo lo que tus ojos verán, lo que pondrás en tu mente. No sigas ciegamente lo que hace el montón. No permitas que los propagandistas del mal determinen el contenido de tus pensamientos y mucho menos tu conducta.*

"Todo lo que es verdadero,
 Todo lo digno,
 Todo lo justo,
 Todo lo puro,
 Todo lo amable,
 Todo lo honorable,
 Si hay alguna virtud,
 Algo que merece elogio,
 en esto meditad" (Filipenses 4:8).

Es allí donde hay que trazar la línea en la batalla para lograr la pureza. La victoria corresponde a los que decididamente se apartan del mal y llenan su mente de ideas nobles y positivas, concediendo a Dios el primer lugar en sus vidas. "Tú le guardarás en completa paz a aquel cuyo pensamiento en ti persevera" (Isaías 26:3).

Dios remienda lo quebrantado

Vivimos en un mundo lacerado por el mal. Entre los que llegan a leer esto seguramente habrá algunos cuyos recuerdos incluyen escenas que quisieran olvidar.

Un día un grupo de hombres vinieron a Jesús arrastrando a una mujer que luego arrojaron a sus pies como si fuera un trapo sucio.

—Maestro —le dijeron—, esta mujer ha sido sorprendida en el acto mismo del adulterio.

Jesús, después de poner en su lugar a aquellos hipócritas y que éstos se retiraran, dijo a la mujer:

—¿Dónde están los que te acusaban? ¿Ninguno te ha condenado?

Sorprendida, ella levantó la vista, y dijo:

—Ninguno, Señor.

Lo que Jesús dijo a continuación es para todos los que, como ella, se encuentran abrumados por sentimientos de culpa y remordimiento:

—Yo tampoco te condeno. Vete, y no peques más (Juan 8:11).

"Dios no envió a su Hijo al mundo para condenar al mundo, sino para que el mundo sea salvo por él" (Juan 3:17). "Ya no hay condenación para los que están en Cristo Jesús" (Romanos 8:1).

—Te puedes ir —le dijo Cristo a la mujer—, estás perdonada. Por la infinita gracia de Dios, estás libre de culpa y vergüenza; así que, alza tu cabeza y camina con fe y seguridad a través de la vida. Descansa en el amor de Dios. Ah, pero recuerda, hija, cuánto daño te ha hecho el pecado, y cómo te ha hecho sufrir. Por amor a tu alma, no peques más.

—Creo que no es una buena idea —dijo mi mamá, cuando quise llevarme a la escuela el reloj que había dejado mi abuelito.

—Tengo catorce años —le respondí—. Yo ya sé lo que hago.

Y me fui.

En el momento del desastre, me pareció que había roto lo más precioso del mundo, y que sería imposible que otra cosa en la vida pudiera doler tanto. Pero he descubierto que eso no era cierto. Hay cosas infinitamente más preciosas que un reloj de oro, y romperlas duele más de lo que podía haber imaginado.

Tristemente, he conocido a más de 30 personas que han caído por el precipicio con respecto al séptimo mandamiento, y he visto el dolor y el largo alcance del daño causado por este pecado. Pero también he descubierto que, gracias a Dios, realmente es posible la sanidad y la restauración.

El daño que hice aquel día al reloj de mi abuelito resultó ser reparable, y unas pocas semanas después estaba funcionando como nuevo. De hecho, hoy todavía lo tengo.

Alabo a Dios por el séptimo mandamiento. Nuestro Padre celestial nos ama y quiere evitarnos el desastre. El séptimo mandamiento es su voz de alarma, su palabra de advertencia. Se nos ha dado para alertarnos contra el terrible peligro que hay en este asunto. Agradezco a Dios por esta palabra de amor, y también le agradezco porque el perdón y la restauración realmente están al alcance de todos.

---

[1] Neil G. Bennett, Ann Klimas Blanc, and David E. Bloom, "Commitment and the Modern Union: Assessing the Link Between Premarital Cohabitation and Subsequent Marital Stability", *American Sociological Review* 53:127-138.

[2] Sonia Miner Salari and Bret M. Baldwin, "Verbal, Physical and Injurious Aggression among Intimate Couples Over Time", *Journal of Family Issues* 23 (May, 2002): 523-550.

[3] Kersti Yllo and Murray A. Straus, "Interpersonal Violence Among Married and Cohabiting Couples", *Family Relations* 30: 343.

[4] Andrew M. Greeley, *Faithful Attraction: Discovering Intimacy, Love and Fidelity in American Marriage* (New York: Tom Doherty Associates, 1991).

[5] Christina Hoff Sommers, *Who Stole Feminism? How Women Have Betrayed Women* (New York: Simon & Schuster, 1994) p. 251.

[6] Basado en una encuesta de 1,100 personas acerca de su satisfacción sexual patrocinada por el Family Research Council, y publicada en "The Hottest Valentines: the Startling Secret of What Makes You a High-Voltage Lover", by William R. Mattox Jr., *The Washington Post*, Feb. 13, 1994. Entre los hallazgos sorprendentes se registró el hecho que "las mujeres fieles a sus esposos experimentan el orgasmo en la relación sexual con una frecuencia dos veces mayor que las mujeres promiscuas".

[7] Dr. Susan Weller, "A Meta-Analysis of Condom Effectiveness in Reducing Sexually Transmitted HIV", *Social Science and Medicine*, Vol. 36, No. 12 (1993). Ver también National Institute of Allergy and Infectious Diseases, National Institutes of Health, Department of Health and Human Services, "Summary, of Scientific Evidence on Condom Effectiveness for Sexually Transmitted Disease (STD) Prevention", julio 20, 2001.

[8] Centers for Disease Control and Prevention, "Tracking the Hidden Epidemics 2000: Trends in STDs in the United States, 2000", en http://www.cdc.gov/nchstp/od/news/RevBrochure1 pdftoc.htm

[9] Shepherd Smith and Joe S. McIlhaney, M.D., "Statement of Dissent on The Surgeon General's Call to Action to Promote Sexual Health and Responsible Sexual Behavior", publicado por el Medical Institute of Sexual Health, Austin, Texas, junio 28, 2001, and American Social Health Association Research. Triangle Park, N.C., "STD Statistics", at http://www.ashastd.org/std-

faqs/statistics.html.

[10] Alan Guttmacher Institute, *Sex and America's Teenagers* (New York: Alan Guttmacher Institute, 1994), pp. 19-20.

[11] American Social Health Association, "STD Statistics".

ALGO POR NADA

El octavo mandamiento

No hurtarás.

—*Éxodo 20:15*

Hay un hombre en la ventana!
No recuerdo jamás haber sido despertado tan bruscamente como la noche cuando mi esposa me dio este aviso de alarma. Estábamos en la Ciudad de México disfrutando unas cortas vacaciones en compañía de nuestro hijo David. Era una agradable noche de verano, y nos habíamos acostado dejando abiertas las ventanas de la habitación para aprovechar la brisa. Estábamos en el tercer piso y la ventana daba hacia un patio interior; por lo tanto, no parecía haber mucho peligro.

Durante unos largos segundos, observé la sombra en la ventana. En la penumbra es difícil saber con precisión qué es lo que uno está viendo. ¿Qué cosa sería, en realidad? Algo parecido, tal vez, pero no era lógico pensar que podía ser realmente un hombre.

Justo en ese instante, cuando estaba a punto de decir unas palabras para tranquilizar los nervios de mi esposa, la sombra empezó a moverse. En efecto, era un hombre, y ciertamente estaba entrando a nuestro cuarto.

Ahora bien, antes de seguir relatando esta experiencia, me detengo para hacer una pregunta: ¿Qué querría este hombre?

¿La pregunta le parece absurda? A lo mejor, sí lo es . . . al menos, en parte. No sería difícil adivinar que quería llevarse algunas de nuestras pertenencias. Pero, hago la pregunta porque quiero abrir un poco más el tema, y considerar el significado del robo.

A continuación aparece una lista de algunas de las formas más comunes de robo. Es obvio que nuestro visitante nocturno cuenta con muchos colegas, individuos que comparten sus intenciones y su mentalidad, pero que, en la mayoría de los casos, son mucho más apreciados en la sociedad que él:

1. *Robo:* Apropiarse de algo sin el consentimiento del dueño. Con esto me refiero a la actividad que primero llega a nuestra mente cuando oímos la palabra "ladrón". Nuestro visitante nocturno en la Ciudad de México pertenecía a esta categoría. También son ladrones los que toman prestado y no devuelven, y los que deben y no pagan.

2. *Copias ilegales:* Sacar una copia que priva al autor, artista o casa editora de su derecho a compensación, ya sea de un material impreso o digital, o en cualquier otro formato.

3. *Plagio:* Presentar como nuestro el trabajo de otra persona a fin de obtener una calificación u otro beneficio.

4. *Manipulación de información:* Lograr un beneficio personal o ventaja mintiendo, exagerando o diciendo menos que toda la verdad. Incluye el fraude, la estafa o cualquier otro tipo de engaño que resulta en perjuicio y pérdida para otra persona. Incluye, también, el uso de información privada o secreta para aprovecharse de alguien.

5. *Calumnia, difamación:* Privar a alguien de su buen nombre, y del afecto y respeto que le pertenecen por derecho. Puede, en algunos casos, también resultar en privarle de empleo y otras cosas por falsas acusaciones e interpretaciones injustas de sus motivos y conducta.

6. *Flojera:* Estar ocioso en horas de trabajo, producir menos que lo que se puede, llegar tarde y salir antes de la hora.

7. *Desperdicio:* Derrochar o hacer mal uso de material o tiempo de otra persona.

8. *Descuido:* Negligencia y otras formas de conducta irresponsable que resultan en pérdida para otra persona.

9. *Cobro excesivo:* Elevación injustificada de un precio cuando sabemos que el comprador no tiene otra alternativa.

10. *Precio bajo:* Pagar menos que el precio justo por algo cuando el vendedor no tiene otra opción para la venta. Pagar menos que un sueldo justo cuando el obrero está desesperado por obtener trabajo.[2]

11. *Negligencia o abuso de niños:* Descuidar o maltratar a niños es privarles de algo que, por derecho, les corresponde. Esto lo hacen los padres que se ausentan porque se dedican excesivamente al trabajo y por otros motivos, y también los que cometen abuso físico, psicológico o sexual.

12. *Infidelidad matrimonial:* Maltratar o abandonar al cónyuge, privándole de los derechos que le concede el voto matrimonial, incluyendo el apoyo económico y ayuda en la educación de los hijos. El adulterio es un robo especialmente grave; significa tomar algo al que no tenemos derecho y que pertenece exclusivamente a otra persona.[3]

13. *Secuestro, esclavitud o encarcelamiento injusto (Deuteronomio 24:7):* Privar a alguien de su libertad personal. Contrario a la opinión popular, este delito sigue siendo común hoy en día. Según información de las Naciones Unidas, cada año entre 600 y 800 mil personas son traficadas entre un país y otro para prostitución o trabajos forzados. Los expertos consideran que en algunos lugares 20% o más de los presos son inocentes.

14. *Retención de diezmos:* Privar a otras personas de la oportunidad de conocer el evangelio, de encontrar paz y esperanza y una vida mejor a través de evangelistas sostenidos con el diezmo. Por medio del profeta

Malaquías, el Señor acusó a su pueblo antiguo: "¿Robará el hombre a Dios? Pues vosotros me habéis robado. Pero decís: '¿En qué te hemos robado?' En los diezmos y en las ofrendas" (Malaquías 3:8).

Usted probablemente pensará en otras formas de robo, porque hay muchas.

Ahora bien, volvamos a la pregunta: ¿Qué buscaba el hombre que entró en nuestro cuarto esa noche en la Ciudad de México? El quería exactamente lo mismo que todas las personas de esta lista: quería obtener algo sin habérselo ganado, algo que no le pertenecía y a lo cual no tenía derecho. Quería obtener *algo por nada*.

El componente del sudor

La primera regla bíblica contra el robo aparece en Génesis 3:19: "Con el sudor de tu rostro comerás el pan".

El apóstol Pablo expresa esta idea de la siguiente manera: "El que roba, no robe más, sino más bien que trabaje, haciendo con sus manos lo que es bueno, a fin de que tenga qué compartir con el que tiene necesidad" (Efesios 4:28).

¿Se fija que esta receta bíblica contra el robo consta de dos partes? La primera es el sostén propio: "El que roba, . . . que trabaje, haciendo con sus manos lo que es bueno". Debemos ganarnos lo que obtenemos; adquirirlo, cambiando valor por valor.

La Reforma del siglo XVI fue un poderoso movimiento religioso y teológico que tuvo resultados sumamente importantes en la sociedad. Los cambios que produjo tocaron cada aspecto de la vida humana y beneficiaron aun a la gente que la combatió.

El lugar que ofreció la más clara demostración de estos beneficios fue Ginebra (Suiza) bajo la administración de Juan Calvino.

Había pobres en Ginebra en aquellos días. A medida que ardían las hogueras de la Inquisición, la ciudad empezó a llenarse de refugiados, y la mayoría de ellos había tenido que huir sin más que la ropa que traía puesta. También había ancianos sin familia y personas que estaban enfermas y solas, y Ginebra hizo provisión para ellos. La ciudad fue dividida en sectores, y en cada uno se asignaron diáconos con la responsabilidad de informarse y atender las necesidades de los pobres. Además, a estas personas se les ofrecían préstamos sin intereses y educación gratuita para sus hijos.

Pero, si bien la pobreza no era condenada, la ociosidad sí. Calvino creyó mucho en el valor del trabajo. Consideraba que el esfuerzo físico es una virtud, y la pereza una ofensa pública. No creyó que los que no quieren trabajar tienen el derecho de vivir a expensas de los que lo hacen.[4] Solía citar el Salmo 128:2: "Cuando comas del trabajo de tus manos, dichoso serás y te irá bien". Y Proverbios 10:4: "La mano de los diligentes enriquece".[5]

A medida que estos principios bíblicos eran aplicados bajo la administración de Calvino, los resultados pronto se dejaron ver. Dentro de pocos años, Ginebra fue la ciudad más próspera de Europa. Era también la más limpia y probablemente la más saludable, porque el municipio obligaba a los dueños de cada casa y negocio a practicar la limpieza y a barrer y fregar la calle frente a su propiedad. No extraña, pues, que en este ambiente, el robo y el crimen desaparecieran casi por completo.

Dios diseñó que el trabajo y la industria fuesen una bendición y que añadieran años a la vida, salud al cuerpo y paz a la mente.

"Excuse me, please"

Nunca supimos el punto de vista del hombre que se metió por la ventana de nuestro cuarto esa noche en la Ciudad de México. Después que le hablé en un tono que no le ofrecía ninguna seguridad de bienvenida, y David hizo un sonido que se parecía algo a la voz del Rey León, se detuvo y muy cortésmente dijo en inglés: "Excuse me, please". Entonces, muy lenta y cuidadosamente se retiró, subiendo por un tubo para alcanzar el techo y bajarse por el otro lado.

Las veces que he relatado este incidente, la gente generalmente reacciona con admiración: "¿Qué? ¿Un ladrón que hablaba inglés?"

Pero, en realidad, este hecho no debiera ser muy sorprendente. Generalmente, los individuos que se dedican a ese oficio no son tontos. En muchos casos, se consideran más inteligentes que nosotros. ¿Para qué quiero trabajar, ganando un sueldo mínimo, si puedo obtener dinero así como lo hago yo?

A decir verdad, la pregunta parece lógica: ¿para qué?

Es más, podemos ampliarla un poco. ¿Para qué voy a pasar horas esforzándome en preparar una buena monografía cuando puedo bajar una de la internet en menos de cinco minutos? ¿Para qué pagar $75 dólares para comprar un programa de software, si mi amigo ofrece hacerme una copia gratis? Y, ¿por qué no voy a flojear en horas de trabajo si, de todas maneras, no me pagan lo que es justo. ¿Y el gobierno? Todos los días entran a sus cofres miles de millones. ¿Por qué no voy a falsificar mi informe para pagar menos impuestos?

Sí, ¿por qué no? Eso es lo que hacen las personas inteligentes, ¿no es cierto? El hombre que me dijo que estaba viviendo bien porque recibía ayuda de tres agencias caritativas, se creía mucho más listo que los que tenemos que levantarnos todas la mañanas para llegar a tiempo al trabajo.

El peor día

Tomás Jefferson tenía una idea diferente. Dijo: "El peor día en la vida de un hombre es el día cuando se sienta y planifica cómo puede obtener algo por nada". Jefferson no estaba pensando en el daño que nos hacen los ladrones que se meten por nuestra ventana en la noche, sino en el terrible efecto que esta mentalidad tiene en las personas que la comparten. Es ésta, esencialmente, la razón de la advertencia que viene en el octavo mandamiento.

La gente "lista" que transita por este camino, está realmente haciendo una transacción terrible. Está canjeando su integridad, sus valores, su valía y estima propia, y ¿qué es lo que recibe a cambio?

1. La deshonestidad destruye el sentido de satisfacción personal y autoestima. Es posible ocultar un acto deshonesto de los demás, pero jamás de nosotros mismos. A lo mejor, sí, logramos una calificación o alguna otra cosa que queríamos, pero en el acto, hemos perdido el sano gozo y el sentimiento de valía propia que son el premio de un logro personal.

2. El síndrome de "algo por nada", tiene un efecto degradante sobre el carácter. Fácilmente se convierte en una conducta adictiva que desemboca en serios problemas de salud mental.

Las apuestas y juegos de azar son altamente adictivos. Están perjudicando a millones de personas, y destruyendo hogares y carreras. Las adicciones sexuales y del trabajo excesivo pueden ser igualmente destructivas y difíciles de vencer. Aun las personas que practican la deshonestidad de maneras que son aprobadas o menos reprobadas por la sociedad, están sufriendo un perjuicio serio.

3. La mentalidad de "algo por nada", daña nuestra relación con otras personas. Si yo estoy consiguiendo un beneficio sin pagarlo, estoy perjudicando a la persona que tuvo que pagar, y esto me convierte inevitablemente en su enemigo. Además, hay una tendencia natural a deshumanizar y degradar a la víctima en nuestra mente a fin de convencernos de que realmente merece lo que le estamos haciendo.

El síndrome de "algo por nada", convierte a las demás personas en objetos a los que podemos manipular para nuestro provecho personal. Esta verdad puede disimularse bajo una o más capas de cultura y cortesía, pero, a última hora, nuestro lema será: Primero Yo. Y la pregunta más importante del día será: ¿Qué provecho hay en esto para mí? ¿Cómo puede esta persona servir a mis propósitos? Me portaré bien contigo, te haré elogios y felicitaciones por lo que espero recibir de ti, y sólo en el grado en que estés en condiciones de suplir lo que quiero y asegurar mis intereses.

Demasiadas personas emprenden el matrimonio y deciden divorciarse precisamente bajo estos términos.

El componente del amor

El primer elemento de la receta bíblica para curar la deshonestidad es el sostén propio. El segundo es la benevolencia y la generosidad. Dice el texto: "que trabaje, haciendo con sus manos lo que es bueno, *a fin de que tenga qué compartir con el que tiene necesidad*" (Efesios 4:28).

El antónimo de robar es dar, compartir con los demás. Es extender la mano desinteresadamente a otras personas sin esperar nada a cambio.

La historia que Jesús contó acerca del Buen Samaritano ilustra perfectamente este principio. Un viajero fue asaltado por ladrones que lo despojaron de todo. Inclusive, creyeron que le habían quitado la vida cuando lo dejaron tirado como basura a un lado del camino (Lucas 10:30-36).

Lo que hizo el Samaritano fue todo lo contrario. Donde los ladrones habían quitado, éste dio. No le importó exponerse a correr la misma suerte. Y no se detuvo para pensar qué hubiera hecho este judío si las circunstancias hubieran sido a la inversa, ni mucho menos preguntó si el herido algún día llegaría a compensarlo por sus esfuerzos. Una sola cosa lo motivaba: la compasión, o, dicho de otra manera, el amor. Porque amó, dio.

El robo no es la única forma de expresar el egoísmo, pero es uno de los más crudos y despiadados. El amor no sólo es lo opuesto del egoísmo; es su remedio. El amor no siempre cura el egoísmo de la persona que lo recibe, pero sin falta sana a la persona que ama.

Sin el componente del amor, el componente del sudor (es decir, el sostén propio y el pagar por lo que se adquiere) no es realmente un remedio completo para el síndrome de algo por nada. Hasta nos puede llevar a compararnos con los demás y a sentir orgullo y avaricia. Al esfuerzo personal y a la integridad hay que añadir compasión, amor desinteresado que da de sí mismo para servir a los demás. Como dice Pablo, debemos trabajar, haciendo con nuestras propias manos lo que es bueno, a fin de que tengamos qué compartir con los que tienen necesidad.

Consiguiendo "algo por nada" de Dios

La manifestación más peligrosa del síndrome de algo por nada es cuando tratamos de aplicarlo a nuestra relación con Dios.

Debo admitir que ésta es una idea que puede confundir porque la Biblia dice que la salvación es gratuita, es una "dádiva".[6] Éste es el mensaje esencial del evangelio. Las buenas obras no son una moneda para comprar la salvación.

El problema viene cuando algunas personas llegan a la conclusión de que las buenas obras no tienen importancia. O que podemos escoger los mandamientos que más nos agradan o que nos parecen los más fáciles, diciendo que los demás están cubiertos por la gracia. Pero, ¿acaso podemos creer que tenemos salvación si tratamos con desprecio lo que Dios nos ha ordenado en su Palabra? ¿Realmente son Diez Mandamientos? ¿o serán Diez Sugerencias, o Diez Opciones?

John MacArthur contesta en forma elocuente: "El evangelio en boga hoy ofrece a los pecadores una falsa esperanza. Les dice que pueden tener la vida eterna y, a la vez, seguir viviendo en rebeldía contra Dios. Anima a la gente a decir que Jesús es su Salvador y, sin embargo, postergar el compromiso de obedecerle como su Señor. Promete salvarnos del infierno pero no necesariamente librarnos del pecado. Ofrece una falsa seguridad a los que quieren seguir practicando los pecados de la carne mientras desprecian el camino de la santidad. Al separar la fe de la fidelidad, enseña que un asentimiento intelectual vale tanto como una sincera obediencia a la verdad".[7]

"Gracia barata" fue el término empleado por Dietriech Bonhoeffer. No mucho antes de su muerte a manos de la Gestapo, escribió: "La gracia barata es predicar perdón sin arrepentimiento, bautismo sin disciplina, comunión sin confesión, absolución sin contrición. Gracia barata es gracia sin discipulado, gracia sin la cruz, gracia sin Jesucristo viviendo y encarnado en nosotros".[8]

La gracia es el corazón del evangelio; significa que podemos llegar a Cristo tal cual somos, sin esperar hasta que seamos buenos. Significa que no tenemos que venir con la cabeza agachada, aun cuando nuestra hoja de calificaciones esté toda fea y manchada con el registro de nuestros errores y fracasos. Por increíble que parezca, el evangelio dice que podemos venir "con confianza" (Hebreos 4:16).

¿Pero, esta asombrosa gracia acaso tiene como su propósito darnos confianza para seguir pecando? El apóstol Pablo sabía que algunas personas pensaban de esta manera, así que les preguntó: "¿Qué diremos, entonces? ¿Continuaremos en pecado para que la gracia abunde?" (Romanos 6:1)

Una de las respuestas más elocuentes que haya leído vino de la pluma de un hombre muy sencillo. Berkley Jones fue un criminal amargado y peligroso, considerado incorregible por las autoridades penales en el estado de Oregon. Pero un día maravilloso, el Señor Jesucristo entró en su corazón, y cuando esto sucedió, todo cambió.[9] Más tarde, Berkley escribió que alguien había preguntado si a veces sentía deseos de volver a la vida que tenía antes. El dijo: "Me parecía una pregunta demasiado absurda. Eso podría compararse con el caso de un hombre que cae en una fosa de aguas negras. Si alguien llegara y lo sacara, ¿volvería ese hombre a saltar nuevamente a la fosa? El sabe que ahí no hay más que inmundicia y muerte".

¿Por qué desearía alguien estar en la fosa de la muerte cuando Jesús ofrece salud y sanidad? La respuesta a la "gracia barata", tal como lo expresó Bonhoeffer, es "Jesucristo viviendo y encarnado en nosotros".

Es un momento oportuno para recordar una promesa que hice en el primer capítulo. Dije que no iba a pedirle que aceptara ciegamente las ideas expuestas en este libro; sino que, al contrario, le ofrecería amplia oportunidad para verificar y comprobar por usted mismo su validez. De corazón, espero que usted haya empezado a probar estos principios al aplicarlos a su vida. Si lo ha hecho, ya sabe a qué me refiero, porque los resultados son inmediatos y sumamente satisfactorios.

---

[1] Estoy utilizando el término "robo" en el sentido popular, aunque los legistas distinguen el "robo", que significa tomar cosas ajenas con fuerza y violencia, del "hurto" que significa tomarlas con sigilo o a hurtadillas.

[2] Santiago 5:4 "Mirad, el jornal de los obreros que han segado vuestros campos y que ha sido retenido por vosotros, clama contra vosotros; y el clamor de los segadores ha llegado a los oídos del Señor de los ejércitos".

[3] Este principio fue expresado por José en su respuesta a la esposa de Potifar (Génesis 39:7-9).

[4] 2 Tesalonicenses 3:10 "Porque aun cuando estábamos con vosotros os ordenábamos esto: Si alguno no quiere trabajar, que tampoco coma".

[5] Ver William McCornish, "Calvin and the Poor" [Calvino y los pobres] en http://www.warc.ch/24gc/cts/cts11.pdf..

[6] Romanos 6:23: "Porque la paga del pecado es muerte, pero la dádiva de Dios es vida eterna en Cristo Jesús Señor nuestro".

[7] *The Gospel According to Jesus* (Grand Rapids, MI: Zondervan, 1994), págs. 201, 202.

[8] *The Cost of Discipleship* [El costo del discipulado] (New York: Macmillan Publishing Co., 1963), p. 42-44.

[9] La historia aparece en Loron Wade, *El regalo inesperado* (Miami: Asociación Publicadora Interamericana, 2004), pp. 91-106.

MÁS QUE LA VIDA

El noveno mandamiento
No levantarás falso testimonio contra tu prójimo.
—Éxodo 20:16

Un día, alrededor de 1870, el gerente de una gran compañía ferroviaria en el este de los Estados Unidos se sorprendió cuando su secretario anunció que le buscaba el dueño de una compañía de la competencia.

El visitante entró y, sin perder tiempo en formalidades, propuso un plan a través del cual las dos empresas podrían engañar a otra competidora y, probablemente, mandarla a la bancarrota. El negocio, obviamente, resultaría en ganancias millonarias para ambos conspiradores.

El gerente inmediatamente se hizo para atrás en su silla y dijo:

—No acostumbramos trabajar de esa manera. Además, estoy seguro que el Sr. Vanderbilt [el dueño] no estaría de acuerdo.

—Pero no tendríamos por qué molestar al viejecito con esto —dijo el otro—. Y . . . no sé si le dije. . . tenemos un giro bancario a nombre de usted por valor de diez mil dólares, si es que no tiene inconveniente en aceptarlo.

—No —replicó el administrador con firmeza—, no vamos a participar de este plan.

—¡Qué lástima! Aah, pero, ¿dije diez mil? Disculpe, creo que me equivoqué, en realidad el giro es de veinte.

Al oír esto el administrador cruzó los brazos y dirigió una mirada de indignación al visitante, quien, interpretando de forma equivocada el silencio, dijo rápidamente: —Pero bien, creo que a lo mejor podríamos hallar la manera de convertirlo en treinta.

Con esto, el gerente saltó de su silla, y gritó: —¡Lárguese! ¡Váyase de aquí! No quiero verlo más en mi oficina.

Cuando el visitante se había retirado, el secretario, que había escuchado toda la conversación, entró y encontró al jefe sentado en su escritorio pasando un pañuelo por la frente.

—Señor —empezó a decir—, no tengo palabras para expresar mi admi . . .

—No, no digas nada —replicó el administrador, alzando su mano—. Tuve que despacharlo rápido. Es que estaba llegando muy cerca de mi precio.

¿Qué piensa de este relato? ¿Será cierto que todo el mundo tiene su precio? Bueno, dejemos a un lado esto de "todo el mundo": ¿Usted, qué piensa? Tomando el asunto a título personal: ¿cuánto vale *su* integridad personal? ¿Cómo? ¿Que no la vendería por ningún precio? Seamos realistas: algunas personas la venderían por mucho menos, ¿no es cierto?

Pero, si todos lo hacen

Hablando de honestidad, ¿qué piensa de mentir, por ejemplo . . .

. . . para evadir una pregunta que nos hace sentir incómodos? "Lo siento, Sra. Remedios. No pudimos terminar su trabajo ayer porque se descompuso nuestra asimiladora". (Lo que pasa es que se nos olvidó por completo.)

. . . para no ofender? "Gracias por los bizcochos que nos mandó; estaban deliciosos". (Después de darles un mordisco, los echamos a la basura.)

. . . para ahorrar dinero? "No, señor inspector, no compramos nada en nuestro viaje al extranjero". (Sólo un amplificador; allí está debajo de las toallas.)

. . . para obtener una calificación? "Anoche terminé la monografía, profesora, pero se me descompuso el disco duro y se borró todo". (Versión moderna de, "Se lo comió mi perro").

Pero, ¡espérese un momento! En el primer ejemplo hablábamos de mentiras que podrían arruinar una gran industria. Éstas son mentiras insignificantes, mentiritas "blancas", como las que decimos todos los días.

Es más, un sacerdote anglicano llamado Joseph Fletcher quiere llevar el asunto todavía más lejos. Él ha formulado un sistema de ética que clasifica como aceptables muchas mentiras convencionales. En su famosa obra *Ética situacional*,[1] Fletcher insiste que la acción correcta en cada caso depende de la situación. Hasta una mentirota tremenda puede ser justificable, si el motivo es correcto.

Es fácil comprender por qué este modo de razonar ha influido en la mente de millones de personas. Para muchos hoy, las mentiras no sólo son aceptables; son esenciales.[2]

Pero la Biblia discrepa radicalmente de esta resbalosa ética. El sabio Salomón dijo que "los labios mentirosos son abominación al Señor" (Proverbios 12:22) . Una "abominación" es algo odioso y repulsivo.

El apóstol Pablo no fue menos enfático. Clasifica a los mentirosos con los homicidas, con los que asesinan a sus padres y a sus madres, con "los inmorales, homosexuales, secuestradores". Los considera "transgresores y rebeldes" (1 Timoteo 1:9, 10). El libro de Apocalipsis declara que nadie que practique "abominación y mentira" tendrá parte con Dios en la vida eterna (Apocalipsis 21:27). A estas declaraciones podríamos agregar literalmente decenas de otras que expresan el mismo punto de vista radical.

¿Cuál es el problema?

Pero, ¿por qué? ¿Qué tiene de malo una mentirita de vez en cuando? Entre otros males están los siguientes:

1. La mentira destruye la libertad y dignidad de nuestras víctimas, porque su propósito siempre es embaucar y manipular a otra persona. Cuando mentimos a alguien le estamos privando del derecho de elegir racionalmente, de tomar una decisión o formar una opinión basada en información veraz.

2. La mentira destruye también la libertad de la gente que la pronuncia, porque el mentiroso muy pronto se enreda en su propia telaraña. Dijo Abraham Lincoln: "Nadie tiene una memoria tan buena como para poder ser un mentiroso de éxito". El que juega con la verdad generalmente termina cavando más y más profundo su propia tumba. Tiene que seguir desesperadamente mintiendo más y más con el intento de encubrir sus falsedades.

3. La mentira destruye la confianza. Si acaso logremos engañar a otra persona, será por un breve tiempo, pero tarde o temprano la verdad casi siempre sale a la luz. La desconfianza y la malicia aumentan enormemente cuando se descubre que alguien está mintiendo. Y un mentiroso tampoco confía en las demás personas.

4. La mentira destruye el sentido de valía propia en el mentiroso. Aun cuando pudiéramos engañar por un tiempo a las demás personas, es mucho más difícil engañarnos a nosotros mismos. Aunque logro embaucar a mi compañero, no puedo escapar del hecho de que me he convertido en un charlatán e hipócrita.

5. La mentira destruye nuestra relación con Dios. Probablemente, la persona que está retorciéndose desesperadamente con el intento de encubrir una falsedad, no piense mucho en su relación con Dios. Pero éste es, a la larga, el resultado más devastador de todos.

A continuación, analizaremos más esta idea:

"YO SOY"

—¿Quién eres? —dijo Moisés cuando Dios lo llamó para liberar a su pueblo que estaba esclavizado en Egipto—. Tal vez el pueblo me pregunte tu nombre. ¿Qué le responderé?

—*Ehyeh asher Ehyeh* —dijo la voz desde la zarza ardiente—. YO SOY el que SOY. Así dirás a los hijos de Israel: "El YO SOY me ha enviado a vosotros" (Éxodo 3:13, 14). Con esto, Dios se estaba identificando por medio de su característica más fundamental. El es el que es, cuya existencia no se obtiene ni deriva de otro.

El apóstol Juan nos dice que "en el principio la Palabra", que era Dios, ya existía (Juan 1:1). El texto no nos dice en el principio de qué, porque no importa. Tampoco nos dice cuándo era ese principio; pues eso tampoco tiene nada que ver. Lo que haya sido, tuvo un principio, pero Dios no; y cuando haya ocurrido, él ya estaba presente. Es el YO SOY, el que no varía ni cambia, el que siempre está presente.

Durante muchos siglos el Peñón de Gibraltar (426 metros de altura) ha sido un símbolo de todo lo que es sólido y confiable. Yo crecí a la sombra del Monte Pike, un enorme macizo de granito que rasca la atmósfera con 4,300 metros de altura. Pero aun estas poderosas metáforas pierden su significado cuando las comparamos con el carácter de Dios.

La palabra hebrea *emeth* generalmente se traduce como "verdad". Para nosotros la "verdad" es algo que decimos; es una afirmación o declaración acerca de la realidad. Hay una diferencia fundamental entre esto y el término hebreo. *Emeth* no es lo que decimos acerca de la realidad; es la realidad misma.

En el Salmo 31:15, el Creador dice: "YO SOY el Dios de *emeth*". Esto no significa simplemente que El dice la verdad. Significa que él es la Verdad; es la única realidad que existe. Cualquier otra realidad que se nombre deriva de él, y aparte de él no subsiste.

Jesús dijo acerca del diablo: "no se ha mantenido en la verdad porque no hay verdad en El. Cuando habla mentira, habla de su propia naturaleza, porque es mentiroso y el padre de la mentira" (Juan 8:44). La mentira y la falsedad son la antítesis de Dios. Cuando mentimos, lo estamos borrando de nuestro horizonte; y si persistimos en este hábito, efectivamente arrancamos su imagen de nuestras almas.

La época de la mentirota

Jesús advirtió que vendrá el día cuando millones de personas serán víctimas del engaño más sofisticado y más convincente de la historia. Dirigentes religiosos "mostrarán grandes señales y prodigios, para así engañar, de ser posible, aun a los escogidos" (Mateo 24:24). A este movimiento se le llama "anticristo" porque la misión de Jesús desde el principio fue decir la verdad acerca de Dios (Juan 18:37), y lo que hacen éstos es todo lo contrario.

El apóstol Pablo también habla de este poderoso engaño de los últimos días. Observe especialmente los siguientes versículos que nos dicen la razón por la cual tanta gente será engañada. Anticristo, llamado aquí "el hombre de pecado", vendrá —dice el apóstol— "con todo poder y señales y prodigios mentirosos, y con todo engaño de iniquidad para los que se pierden, porque no recibieron el amor de la verdad para ser salvos" (2 Tesalonicenses 2:9, 10).

Note especialmente la razón por la cual tantas personas serán convencidas por el engaño: no aman la verdad.

Cuando estudiamos el sexto mandamiento, descubrimos que "no matarás", significa que debemos amar activamente al prójimo. Asimismo, el noveno mandamiento, que dice: "no levantarás falso testimonio", significa que debemos amar activamente la verdad.

¿Se imagina lo que significa esto? ¿Qué hace una persona que ama la verdad?

Si amamos la verdad, la buscaremos. Daremos importancia al asunto. Tomaremos el tiempo y haremos el esfuerzo necesario (Juan 5:39). El estudio diario de la

Biblia y la oración pidiendo luz serán una parte fundamental de nuestras vidas (Hechos 17:11). Con el Salmista, diremos: "Guíame en tu verdad y enséñame" (Salmo 25:5).

Jesús es llamado la Verdad (Juan 14:6), y toda su vida fue una revelación de la verdad (Juan 18:36). Se le llama, además, "la Palabra" (Juan 1:1-3), porque es el pensamiento de Dios hecho audible. Si amamos la verdad, estudiaremos detenidamente cada evento de su vida y el significado de sus palabras.

Si amamos la verdad, reconoceremos su gran valor. Jesús relató la historia de un hombre que un día araba en el campo. De repente, descubrió un objeto duro que estaba enterrado en el suelo. Era un cofre que contenía un tesoro de inmenso valor. El hombre sin vacilar vendió todo lo que tenía y compró aquel campo. Y Jesús dijo que lo hizo con "alegría" (Mateo 13:43). Y ¿por qué con alegría? Porque reconocía el valor de lo que había descubierto. Sabía que valía mucho más que todas sus posesiones terrenales. El campo en esta historia representa la Biblia, la Palabra de Dios; el tesoro es la verdad que ella contiene. Si en realidad amamos la verdad, experimentaremos ese mismo gozo, esa misma alegría al estudiar la Biblia y descubrir la belleza de sus enseñanzas (1 Corintios 13:6). Será para nosotros más preciosa que el oro y la plata (Job 2:15; Proverbios 16:16), de más valor que la vida misma.

Si amamos la verdad, ella transformará nuestra vida (Gálatas 5:7; Romanos 2:8). La Biblia aclara que no es realmente verdad para nosotros si no afecta la manera en que vivimos y lo que hacemos (Mateo 7:21-27).

Está bien que hayamos sido capaces de reconocer la verdad cuando la descubrimos. Y ¡qué bueno que la abrazamos con gozo! Pero este gozo que disfrutamos en nuestra comunión personal con Dios a través de su Palabra, tiene que ser más que una emoción pasajera. Si hemos hecho propia la verdad, si en realidad la hemos amado, entonces ella irá con nosotros a la oficina y al taller. Afectará nuestra vida también en el punto donde el clavo se dobló y el martilló cayó en nuestro dedo. Se verá reflejada en nuestro amor por los que no son amables y en nuestra paciencia con los toscos e irrazonables. Hallará expresión a través de nuestra fidelidad en situaciones de tedio, dolor y frustración. Así es como la verdad nos hará libres (Juan 8:32).

Si amamos la verdad, no la podremos callar. Una vez que hayamos visto la belleza de la verdad y experimentado su poder (1 Pedro 1:22), sentiremos el vivo deseo de compartirla con otros.

Jesús dijo que ésta era la misión de su vida: vino para testificar acerca de la verdad (Juan 18:37). Cuando él se fue, nos comisionó para llevar adelante esta misma obra (Hechos 1:8).

Cuando leemos el relato del Nuevo Testamento acerca de los primeros testigos, parece obvio que ellos cumplieron esta comisión, no sólo con lo que dijeron, sino que era una parte fundamental de lo que fueron.

Uno de los testigos más efectivos fue uno de los más tímidos. María de Betania probablemente habría muerto de miedo si alguien le hubiese asignado la tarea de presentar un discurso acerca de Jesús ante un grupo de fariseos. También es probable que no hubiera resistido por mucho tiempo en un debate teológico acerca de él. Pero un día ella se enteró de que Jesús iba a estar en un banquete cerca de su casa. En ese momento no pensó:

—¡Qué bueno! Iré al banquete para dar un testimonio acerca de Cristo ante todos esos dirigentes que van a estar presentes.

Lo único que sabía era que Cristo había perdonado sus pecados y le había devuelto su vida. Sabía que lo amaba intensamente y quería expresarlo de alguna manera.

"Entonces María, tomando una libra de perfume de nardo puro que costaba mucho dinero, ungió los pies de Jesús, y se los secó con los cabellos, y la casa se llenó con la fragancia del perfume" (Juan 12:3).

La fragancia de su testimonio no sólo llenó la casa donde estaba María en ese día; ha perfumado el corazón de millones a través de los siglos. Jesús dijo: "En verdad os digo: Dondequiera que este evangelio se predique, en el mundo entero, se hablará también de lo que ella ha hecho" (Mateo 26:13).

Los primeros cristianos, al igual que María, comprendieron el significado del noveno mandamiento. Para ellos, el hecho de no levantar falso testimonio significó llevar un testimonio valiente acerca de la verdad y de esta manera fueron seguidores de Jesús quien dijo: "Yo soy el camino, la verdad y la vida" (Juan 14:6).

---

[1] Fletcher J., *Situation Ethics: The New Morality,* Louisville, KY: Westminster John Knox Press, 1997.

[2] No pretendo con este comentario ofrecer un análisis completo de las ideas de Fletcher. Es común, en estudios de ética, presentar casos extremos bajo los cuales una mentira podría ser justificable, como por ejemplo, ¿se podría mentir para salvar a alguien de las cámaras de gas en tiempos de Hitler? Hay una tendencia a utilizar estos ejemplos de situaciones muy poco probables, para decir que es aceptable mentir cada vez que uno se encuentra en una situación incómoda.

Afecto desordenado

El décimo mandamiento

No codiciarás la casa de tu prójimo;
no codiciarás la mujer de tu prójimo;
ni su siervo ni su sierva, ni su buey,
ni su asno, ni nada que sea de tu prójimo.
—*Éxodo 20:17*

Yo tenía quizá catorce años cuando sucedió: andaba un día ocupado en mis actividades cuando pasó cerca una guapísima mujer. Lo que más me impresionó en ese momento no era su hermosa sonrisa ni la forma elegante en que caminaba, sino el hecho de que llevaba en su mano un radio portátil, del cual emanaba la alegre melodía de un vals de Johann Strauss.

¡Sí que existe el amor a primera vista! Porque a partir de ese momento, yo estaba totalmente convencido de que la felicidad en la vida consistía en ser dueño de un radio portátil.

Ahora bien, en aquellos lejanos tiempos, tales aparatos no eran importados de China y vendidos por dos dólares en cualquier tienda de baratijas. Además, el frágil estado de mi economía aseguraba que ello no iba a pasar de la noche a la mañana; pero, definitivamente, iba a ocurrir.

A partir de ese instante, todas mis entradas por trabajos ocasionales, y cualquier regalo de dinero que recibiera iban para el fondo pro radio. Pasó un año, o tal vez dos, hasta que por fin, un día supremamente feliz, saqué de mis ahorros $42 dólares y me dirigí al centro para comprar "el radio".

Cuando llegué de vuelta a casa no había nadie, así que fui a mi cuarto para trabajar en tareas escolares. ¡Qué felicidad! Mientras hacía problemas de álgebra, "Estrellita, estrellita", formaba un suave fondo musical.

No había pasado mucho tiempo cuando sentí la necesidad de tomar agua, así que me dirigí a la cocina. ¿Y el radio? Pues, era portátil, ¿no? ¿Acaso usted pensaba que el radio se quedaría atrás?

"Luces de la noche", cantaba el radio que yo llevaba apretado contra mi oído derecho. Mis ojos estaban medio cerrados y mis pies se movían al ritmo de la música, . . . es decir: se movían hasta el momento cuando mi pie izquierdo tropezó contra una pata de la mesa. En un instante estaba dando saltos al ritmo de la música, y en el siguiente estaba echándome un clavado hacia el piso. Mis manos salieron en un acto de reflejo y lograron salvar mi cara de estrellarse contra el mueble, pero el radio — ¡ay, el radio!— voló por el aire para caer y desintegrarse en el piso. ¡Fin de la canción!

Mi papá fue bondadoso cuando llegó unas pocas horas después, y le conté lo sucedido, pero dijo: "Te salió un poco caro ese radio, ¿no es cierto?"

Ojalá pudiera decir que en ese instante aprendí una gran lección y que jamás la olvidé. Desafortunadamente, no fue así, porque en algunas cosas he sido lento para aprender. Pero el mensaje sí estaba claro, y aunque el radio no se hubiese desbaratado ese día, sería el mismo: *la felicidad que depende de "cosas" siempre es pasajera.*

Jesús lo expresó mucho mejor: "¡Cuidado! Guardaos de toda clase de codicia; porque la vida del hombre no consiste en la abundancia de los bienes que posee" (Lucas 12:15).

Cuando la novedad se acaba

Mi mamá decía: "Espérate no más a que se acabe la novedad". Si mi radio no se hubiese desbaratado ese día, de todas maneras la "novedad", la emoción de ser dueño de ese objeto, hubiera desaparecido. Posiblemente no sería en el primer día, ni el segundo, pero indefectiblemente hubiera pasado. Es una ley de la vida.

Por eso, las personas que obtienen su felicidad de "cosas" siempre tienen que pasarse de una a otra, persiguiendo perpetuamente lo último y lo más novedoso; y cada nuevo "juguete" que obtienen debe ser más grande, más vistoso, más veloz que el anterior, porque es cierto que la novedad no dura.

—¿Ya no estás con Mariela? —le pregunté a Darío cuando lo vi el otro día. Me había hablado muchas veces de esta maravillosa mujer que compartía su vida y su departamento.

—No, ya no —me dijo—. Ella es muy buena y todo eso, pero ya no me llamaba la atención como antes, así que le dije que no íbamos a seguir.

—¿Y cuál fue su reacción? —le pregunté.

—Pues, en verdad, le cayó muy duro. Lloró bastante y dijo que me había dado lo mejor de ella, y que qué iba a hacer ahora. Pero yo le dije: "Mira, no puedo fingir algo que no siento. Así que acéptalo, porque así es".

Darío aparentemente no comprendía lo muy egoístas que eran su conducta y sus actitudes.

El décimo mandamiento tiene que ver con la adoración de "cosas" y para los que piensan como Darío, las personas también son "cosas". Las ocupan para su deleite y placer, les encanta relucir con ellas como ornato del momento, pero siempre llega un día cuando la novedad se acaba. Entonces, las desechan y se buscan a otra.

El apóstol Pablo observa que la codicia es una forma de idolatría (Colosenses 3:5). Y lo es, porque, igual que la idolatría que se menciona en el segundo mandamiento, la codicia es un afecto desproporcionado por los objetos. Pero hay una diferencia: el segundo mandamiento dice que no debemos dar más importancia a las cosas creadas que a Dios. Éste nos dice que tampoco debemos valorarlas por encima de los derechos de otras personas, ni valorar a la gente en términos del beneficio que podemos obtener de ella.

El Superhombre

"Superman" ha sido una figura popular desde que apareció por primera vez en 1938. Y ¿por qué no? Más veloz que un disparo, puede saltar sobre el rascacielos más alto; jamás falla ni se equivoca, y nunca adivina porque siempre sabe; es el más fuerte, el más brillante y el mejor en todo lo que hace.

¿Le gustaría ser Superman? ¡Es fácil! Sólo mande $50 dólares a la compañía "Costume Craze" en Lindon, Utah (EE.UU.), y a vuelta de correo recibirá un traje completo, incluyendo una capa para volar y un pecho de plástico esculpido con inmensos músculos.

Pocas personas, en realidad, estarían dispuestas a andar en la calle con semejante atuendo, pero hay otra manera en que millones están procurando hacer realidad en sus vidas el sueño de ser un "Superman".

Pensemos por un momento en Christopher Reeve, el apuesto actor que alcanzó fama como estrella de la película "Superman" que tuvo su estreno en 1978. El gran éxito de este filme se repitió en los "Superman" II, III y IV, y dio lugar a papeles estelares para Reeve en muchas otras películas.

Pronto Reeve incorporó a su vida una lujosa mansión, un yate de carrera, varios aviones y una pasión por navegar más lejos, volar más alto y lograr más que cualquier otra persona. Dos veces voló solo cruzando el Atlántico; era un experto marinero y a menudo competía con su yate en carreras de larga distancia. También le encantaba pilotear planeadores, y en uno de ellos alcanzó más de 32 mil pies (9,750 metros) sobre el Monte Pike, en Colorado. Fue también un experto en esquí, tenis y buceo.

Durante diez años después del "Superman I",

Reeve vivió con la modelo inglesa Gae Exton quien le dio dos hijos. En 1987 la dejó después de conocer a la bellísima Dana Morosini que tenía diez años menos que Gae.

Christopher Reeve no solía andar en la calle con su traje de Superman, pero estaba corriendo tras una vida de "superman".

Cuando le tocó realizar el papel de capitán de caballería en la película "Anna Karenina", Reeve descubrió otro mundo que conquistar: la equitación. Pronto obtuvo un establo de caballos finísimos de pura sangre y empezó a competir con ellos.

El 29 de mayo de 1995, estaba programado un evento ecuestre, una carrera con obstáculos, en Culpeper, Virginia. En el último instante, Reeve decidió competir con su caballo favorito, Eastern Express.

A Dana no le encantó la idea. Ese fin de semana correspondía a un importante feriado nacional, y ella anhelaba tener un tiempo que podían pasar juntos como familia.

—Quizás el año entrante —le dijo Chris—. Pero no te preocupes; puedes venir para verme competir.

Así que, cuando empezó la carrera en Culpeper, allí estaba Dana con su hijito observando a su elegante esposo el que, como siempre, era la estrella del evento, haciendo lo suyo ante los aplausos del público que lo adoraba.

Para un hombre como Christopher Reeve, los valores de alguien como el apóstol Pablo, parecerían incomprensibles, una especie de locura. Al acercarse ya al final de una vida de sacrificio y entrega en favor de los demás, el anciano apóstol escribió:

"Nada hagáis por egoísmo o por vanagloria, sino que con actitud humilde cada uno de vosotros considere al otro como más importante que a sí mismo, no buscando cada uno sus propios intereses, sino más bien los intereses de los demás" (Filipenses 2:3, 4).

¡Admirable síntesis y expresión del décimo mandamiento! Y la vida de Pablo fue un ejemplo e ilustración de su significado.

Dando y consiguiendo

En un momento, cuando la multitud en Culpeper aplaudía al famoso actor con su elegante cabalgadura, sucedió lo inesperado. Al llegar al tercer obstáculo, por alguna razón, en vez de saltar, Eastern Express frenó abruptamente y bajó la cabeza. Chris voló girando por el aire. Su cabeza se estrelló violentamente contra el obstáculo. Sus manos, enredadas en las riendas, no pudieron protegerlo, y con terrible fuerza cayó sobre su cabeza en el suelo. En el impacto, se hizo trizas su segunda vértebra cervical y su espina dorsal se cortó.

En menos tiempo que usted necesitó para leer esto, Christopher Reeve pasó de ser una de las estrellas más brillantes y más famosas del mundo, a un hombre que dependía de otras personas y de máquinas para cada aliento.

Sería difícil concebir un cambio más dramático y más radical. Pero Reeve llegó a decir que la transformación más importante ocurrió en sus valores y el sentido y propósito de su vida. Si alguna vez usted quisiera hacer un donativo a la "Fundación Christopher y Dana Reeve", su dinero no será empleado en comprar caballos finos, yates de carrera o aviones de lujo, sino en hallar una solución para las miles de personas que, como Reeve, cada año sufren de parálisis por la fractura de su columna vertebral. Durante el resto de su vida, él utilizó su fama, sus riquezas y su inmensa creatividad para esta causa.

Son pocas las personas a quienes les ha tocado el conjunto de talentos y oportunidades que trajeron tanta fama a Christopher Reeve. Pero hay millones que, en su propia esfera, orientan su existencia por la misma ética materialista. En los Estados Unidos la familia promedio carga con una deuda de casi $8,000 dólares en sus tarjetas de crédito. Esto es aparte de lo que deben por la compra de su casa y automóviles. No extraña, pues, que en el año 2005 casi dos millones de personas se declararan en bancarrota. Es, por mucho, el número más alto de la historia.

Y el mal se está generalizando en el mundo entero. Acosados y frustrados por las exigencias de una vida que exige siempre más y más, la gente no tiene tiempo para dedicarlo a su familia y mucho menos para ayudar a otros o pensar en su vida espiritual.

La codicia es un amor falso y traicionero; es amor que está fuera de orden, fuera de proporción y fuera de lugar. Significa colocar nuestros afectos dónde no corresponde y poner "cosas" —dinero, éxito, o fama— en el centro, creyendo que ellas ofrecen un fundamento sólido para la existencia. La codicia es hacer más importantes la "cosas" que a las personas y sus necesidades.

"Haya, pues, en vosotros esta actitud"

Igual que los otros nueve mandamientos, el décimo no se refiere sólo a ciertos actos específicos de conducta, sino a valores y actitudes. No es sólo prescriptivo, sino también descriptivo: prescribe, porque es un mandamiento y nos dice qué hacer; pero, a la vez, describe la vida que Dios planeó para sus hijos desde el principio. Nos dice, también, quién es Dios y cómo es él. Lo revela como el que sirve, el que da, el que se entrega a sí mismo con amor desinteresado en beneficio de sus hijos.

El apóstol Pablo, después de decir que no debemos hacer nada "por egoísmo o por vanagloria", y que no debe buscar "cada uno sus propios intereses", aclara el significado de sus palabras con el siguiente ejemplo:

Haya, pues, en vosotros esta actitud
que hubo también en Cristo Jesús,
el cual, aunque existía en forma de Dios,

no consideró el ser igual a Dios
como algo a qué aferrarse,
sino que se despojó a sí mismo
tomando forma de siervo,
haciéndose semejante a los hombres.
Y hallándose en forma de hombre,
se humilló a sí mismo,
haciéndose obediente hasta la muerte,
y muerte de cruz (Filipenses 2:5-8).

El maravilloso ejemplo de Jesucristo es la inspiración y la suprema motivación del cristiano. Entre más fielmente obedezcamos la Ley de Dios, más cerca estaremos de imitar ese carácter y de vivir esa vida, porque seremos más semejantes a él. Y éste es, después de todo, el verdadero significado y propósito de los Diez Mandamientos.

La mejor invitación

Benjamín Franklin tuvo una idea excelente. Quería mejorar su vida y su conducta; así que un día se sentó y preparó una lista de virtudes que quería lograr. Entonces, metódico como él era, organizó un plan para alcanzarlas.

¿Qué opina de poner en práctica un plan similar con respecto a los Diez Mandamientos? Sin duda constituyen una lista espectacular de virtudes, así que ¿por qué no tratarlos como un manual de superación personal, y trabajar sobre el asunto hasta lograr un perfecto cumplimiento y obediencia?

El apóstol Pablo dijo que el entorno religioso donde él creció tenía precisamente ese enfoque. Día y noche él y sus compañeros estudiaban la Ley y se esforzaban por obedecerla hasta en sus más mínimos detalles.

Pero el apóstol llegó a comprender que esta forma de entender las cosas era un "ministerio de muerte". ¿Por qué? ¿Cómo podría un intento sincero por obedecer los Diez Mandamientos producir un resultado tan negativo? Porque al organizar cada acto de la vida en torno a la ley ellos habían convertido la religión en una lista de reglamentos "grabado[s] con letras en piedras" (2 Corintios 3:7). Pablo contrastó este enfoque con el de un "Nuevo Pacto", término que tomó de la profecía de Jeremías 31:31-33. El corazón y centro de este pacto es: "Yo seré su Dios y ellos serán mi pueblo" (vers. 31).

Esto significa que la religión no es una lista de reglas sino una relación personal con nuestro Redentor. No está centrada en nosotros y nuestra conducta, sino en Dios y su gran amor.

Bajo este plan, los Diez Mandamientos llegan a tener una función y enfoque muy diferentes. Ya no son una escalera que debemos ascender trabajosamente, esperando algún día subir lo suficiente como para poder entrar en el cielo. Son principios sagrados dados para ayudarnos a evitar un sinfín de sufrimientos y errores. Bajo este plan son, efectivamente, una "ley de libertad" (Santiago 2:12).

Bajo el Nuevo Pacto, también la manera como podemos guardar la ley de Dios es diferente, porque el pacto viene con una promesa: "Pondré mi ley dentro de ellos, y sobre sus corazones la escribiré". A esto se refiere el apóstol cuando dice que en los creyentes ha escrito "el Espíritu del Dios vivo; no en tablas de piedra, sino en tablas de corazones humanos" (2 Corintios 3:3).

Ahí mismo tenemos la clave. Eso es lo que hace toda la diferencia, porque es obra de Dios y no nuestra. Cuando nuestra vida llega a tener como su centro una relación de amor con Dios a través de su Hijo Jesucristo y el compañerismo del Espíritu Santo, entonces los Diez Mandamientos salen de las piedras y el Espíritu Santo los escribe en nuestro corazón.

Conocer la Ley de Dios es importante, pero más que simplemente conocerla, debemos amarla, porque "la ley es santa, y el mandamiento es santo, justo y bueno" (Romanos 7:12). Pero la buena conducta—

obediencia— que viene del conocimiento intelectual será superficial y parcial aun en el mejor de los casos. Únicamente un corazón renovado por el Espíritu Santo podrá ofrecer obediencia que es una expresión genuina y desinteresada de amor y gratitud a Dios.

Y ésa es la invitación que le hago al concluir este estudio de los Diez Mandamientos. Le invito a entrar sin demora en ese Pacto de paz, esa relación de amor.

Aquí está la promesa divina para todos los que respondan. Le animo a estudiarla cuidadosamente y hacerla suya.

"Entonces os rociaré con agua limpia y quedaréis limpios. . . . Además, os daré un corazón nuevo y pondré un espíritu nuevo dentro de vosotros; quitaré de vuestra carne el corazón de piedra y os daré un corazón de carne. Pondré dentro de vosotros mi Espíritu y haré que andéis en mis estatutos, y que cumpláis cuidadosamente mis ordenanzas" (Ezequiel 36:25-27).

Si usted está interesado en conocer más acerca de estos temas y otros aspectos relacionados con la Biblia:

- Visite **www.estaescrito.org** y **www.lavoz.org** para mirar programas semanales y hacer uso gratuito de estudios Bíblicos por Internet.

- Encuentre respuestas a cientos de preguntas Bíblicas en 16 idiomas en **www.es.Bibleinfo.com**

- Explore lecciones Bíblicas, juegos, e historias para niños en **www.kidsbibleinfo.com**

- Encuentre más libros relacionados con temas de la Biblia en **www.reviewandherald.org**

- Solicite guías de estudio bíblico por correspondencia. Envíe su nombre y dirección a:

  1. LA VOZ DE LA ESPERANZA
  101 West Cochran Street
  Simi Valley, CA 93065

  2. DISCOVER
  It Is Written
  Box 0
  Thousand Oaks, CA 91359